墨香财经学术文库

"十二五"辽宁省重点图书出版规划项目

U0656752

A Study on the Development
of Micro-enterprises Based on the
Entrepreneurship Theory

创业视角的微型企业
发展问题研究

苗莉 宋心畔 谢珊珊 ◎ 著

东北财经大学出版社
Dongbei University of Finance & Economics Press

大连

图书在版编目（CIP）数据

创业视角的微型企业发展问题研究 / 苗莉，宋心畔，谢珊珊著. —大连：东北财经大学出版社，2020.6

（墨香财经学术文库）

ISBN 978-7-5654-3852-3

Ⅰ．创… Ⅱ．①苗… ②宋… ③谢… Ⅲ．中小企业－企业发展－研究－中国 Ⅳ．F279.243

中国版本图书馆 CIP 数据核字（2020）第 069908 号

东北财经大学出版社出版发行

大连市黑石礁尖山街 217 号　邮政编码　116025

网　　　址：http：//www.dufep.cn

读者信箱：dufep @ dufe.edu.cn

大连永盛印业有限公司印刷

幅面尺寸：170mm×240mm　字数：162千字　印张：11.25　插页：1
2020年6月第1版　　　　2020年6月第1次印刷
责任编辑：田玉海　刘　佳　责任校对：那　欣　孟　鑫
封面设计：冀贵收　　　　　版式设计：钟福建
定价：42.00元

前言

目前，世界各国都在积极鼓励创办微型企业，因为其不仅是发展经济的重要手段，也是解决就业问题的重要途径。2011年7月4日，我国发布《中小企业划型标准规定》，首次在中小企业划型中增加"微型企业"一类，标志着微型企业发展已上升到国家战略层面。站在政府角度，发展微型企业无疑是解决高校毕业生、失地及返乡农民、退伍军人、下岗职工等群体就业问题的重要途径。然而，现实中却面临着目标群体创业意愿不足、创业过程艰难、已创建的微型企业运营不良等问题。由于国内几乎没有针对微型企业的系统调查与研究，因此，政府部门很难制定出切实有效的扶持政策和措施，这也导致我国微型企业的发展困难重重。鉴于个人创建微型企业的过程本质上是一种创业过程，微型企业的成功运营也需要创业精神，本书从创业的视角出发，对我国微型企业发展过程中面临的上述问题展开系统调查与研究。在实践层面，本书可为政府部门促进微型企业发展提供决策参考；为小微企业主优化其创业及运营活动提供指导，因此，具有重要的现实意义。在理论层面，本书是对微型企业与创业等相关领域研究的有益拓展和重要补充，具有重要的理论价值。

本书的主要研究内容安排如下：第 1 章为绪论，第 2 章是文献综述，第 3 章是微型企业创业者的创业意愿及其影响机理，第 4 章是微型企业创业者社会网络对创业机会识别的影响及机理，第 5 章是微型企业创业学习、创新能力与创业绩效的关系研究，第 6 章是微型企业创业导向对组织绩效影响的实证研究，第 7 章是微型企业社会服务需求调查与支持体系构建。

本书的创新之处主要体现在以下方面：

（1）从创业视角出发，设计综合研究框架，对微型企业创业者及其创建和运营微型企业的活动进行全面系统的调查与研究。

（2）结合中国情境，通过实证研究方法对理论中存在争议之处以及关系尚不清楚之处进行了调查与论证。

（3）基于企业生命周期理论，对微型企业成长过程不同阶段的特点及相应的社会服务需求进行调查研究，并在此基础上提出构建社会服务支持体系的设想与措施。

本书是国家社会科学基金项目《创业视角的微型企业发展问题研究》（项目编号 12BGL048）的研究成果。本书由项目主持人苗莉总纂，宋心畔和谢珊珊在攻读硕士学位期间参与本项目研究，并分别撰写了本书第 5 章和第 6 章的初稿。在项目研究以及本书的撰写过程中，作者得到了众多学术同行的指导和支持，在此一并表示由衷的感谢！

最后，也衷心恳请各位同行及各位读者对本书的不足与疏漏之处提出宝贵意见和改进建议，在此先行谢过！

作　者

2020 年 3 月

目录

1 绪论／1

    1.1 研究背景／1

    1.2 研究意义／2

    1.3 创新之处／3

    1.4 研究方法及研究思路／4

2 文献综述／7

    2.1 企业规模与形态演进研究／7

    2.2 微型企业的相关研究／12

    2.3 创业研究综述／19

3 微型企业创业者的创业意愿及其影响机理／26

    3.1 创业意愿及其分类／27

    3.2 创业意愿的影响因素与影响机理研究／28

    3.3 研究结论及启示／37

4 微型企业创业者社会网络对创业机会识别的影响及机理 / 41

    4.1 核心概念与相关研究综述 / 42

    4.2 研究设计 / 48

    4.3 数据与变量测量 / 51

    4.4 研究结论及启示 / 56

5 微型企业创业学习、创新能力与创业绩效的关系研究 / 60

    5.1 核心概念与相关研究 / 61

    5.2 研究设计 / 70

    5.3 实证研究 / 79

    5.4 研究结论及启示 / 103

6 微型企业创业导向对组织绩效影响的实证研究 / 108

    6.1 核心概念与相关研究综述 / 109

    6.2 研究设计 / 122

    6.3 实证研究 / 129

    6.4 研究结论及启示 / 144

7 微型企业社会服务需求调查与支持体系构建 / 148

    7.1 基于微型企业生命周期的社会服务需求调查 / 149

    7.2 社会化服务支持体系的构建 / 156

    7.3 社会化服务支持体系的优化建议 / 159

参考文献 / 164

索引 / 175

1 绪论

1.1 研究背景

2011年7月4日，工业和信息化部等四部门共同发布《中小企业划型标准规定》（工信部联企业〔2011〕300号）。该规定参照世界上主要国家的划分方法，在中型和小型企业的基础上，增加了微型企业标准，并设置近15种行业的微型企业。首次在中小企业划型中增加"微型企业"一类，被认为是此次标准修订的一大亮点，其不仅使我国企业划型标准与世界上主要国家的标准实现一致，也反映了微型企业越来越受到国家的重视以及社会的关注。

目前，世界各国都在积极鼓励创办微型企业。由于绝大多数微型企业都属于劳动密集型企业且创业成本相对较低，已经成为创造社会就业和促进经济增长的重要力量。就微型企业在我国的发展演进历程看，在改革开放前，由于在所有制上追求"一大二公"，规模微小的企业不仅被排挤到了一个异常狭小的空间，还一直处于自生自灭的状态，长期受到政策忽视。即便在改革开放之后，很多地方也仍然习惯于"抓大放小"，唯恐"抓了芝麻，丢了西瓜"。此次，新标准中对微型企业的专门规定以及相关政策的出台，表明促进微型企业发展将成为我国未来国家战略的重点。在2012年3月的政府工作报告中，曾经多次提到"小型微型企业"，指出要重点支持实体经济特别是小型微型企业的发展。

虽然，自新划型标准出台以来，中央及各级地方政府积极采取多种举措促进微型企业发展，但现实中微型企业的发展仍面临诸多问题：其一，是如何有效促进大学毕业生、下岗失业工人等群体创办微型企业，以落实"全民创业"的国家战略，并实现"以创业带动就业"的目标；其二，是如何实现微型企业的成功创业，降低创业失败率；其三，是如何实现微型企业持续健康成长。上述问题的解决，急待理论层面的调查研究以及相应的对策建议。

1.2　研究意义

1.2.1　理论意义

由于我国长期以来没有专门的微型企业划型标准，因此，极为缺乏针对微型企业的系统调查研究，这也导致政府及社会服务部门的相关政策和支持措施缺乏必要的理论借鉴和参考，政策措施的针对性和有效性存在欠缺，这也是导致我国微型企业发展困难重重的重要原因之一。

鉴于个人创建微型企业的过程本质上是一种创业过程，微型企业的成功运营也需要创业精神，本书拟从创业的视角出发，对我国微型企业发展过程中面临的上述问题展开系统调查与研究。一方面为政府部门促进微型企业发展提供决策参考，另一方面，也是对微型企业与创业等相关领域研究的有益拓展和重要补充。

1.2.2　现实意义

在各种组织形式中，微型企业是最贴近民生的一种，也是创业最常见的组织形式。微型企业的规模虽然微小，却是大中型企业产生和发展的基础，在整个商业生态系统中扮演着极为重要的角色，其在为大中小型企业提供配套服务的同时，也近距离地满足着社会各方面的需求，是促进经济增长的重要动力。此外，由于微型企业的数量庞大且以劳动密集型为主，因此被称为吸纳就业的"海绵"，对于缓解社会就业压力起到举足轻重的作用。另外，发展微型企业也有利于培养创业精神，在全民创业、万众创新的背景下，发展微型企业也是"双创"战略实施的重要途径。

微型企业常常被认为是大中小型企业成长的早期阶段，虽然对于某些企业而言，这一观点是成立的，但是，现实中仍有大量企业始终保持在微型企业的状态，其不仅在企业规模上有别于其他企业，在其企业生命周期、组织形式以及经营方式等方面也都具有其独特性。因此，通过系统的理论研究解析微型企业如何创立、如何成长、如何在竞争中取胜、如何在复杂的经济社会环境中生存，不仅对于微型企业自身意义重大，而且对于国家如何实施有关政策有着非常重要的作用，在更好地指导微型企业发展的同时，也有助于促进微型企业更好地发挥其经济与社会功能。

1.3 创新之处

本书的创新之处主要在于以下3点：

（1）从创业视角出发，设计综合研究框架，对微型企业创业者及其创建和运营微型企业的活动进行全面系统的调查与研究。从现有研究看，关于微型企业的研究绝大部分都是针对已创立的微型企业，并不包括微型企业创业过程的研究。但事实上，要促进微型企业发展首先就要促进微型企业创业者的涌现；同时，微型企业的成败不仅与创立后的运营管理相关，也与创业过程中对创业机会的选择有关。基于上述思考，本研究从创业的视角出发，将研究范围向前拓展到微型企业创业者创业意愿的形成及其对创业机会的识别；向后又延展到已创立企业的创业导向研究。更加综合、全面的研究框架为我们充分了解微型企业的特点，进而提供更加富有针对性的支持措施提供了重要的理论参考。

（2）结合中国情境，通过实证研究方法对理论中存在争议之处以及关系尚不清楚之处进行了调查与论证。国内外针对微型企业的研究主要以定性研究为主，少有定量的实证研究。本书首先对影响微型企业创业者创业意愿的因素进行了实证研究；针对现有研究中"创业意愿同质性"假设的潜在问题，本研究提出"创业意愿异质性"假设，在此基础上，通过对计划行为理论模型进行修订，就主观规范和感知行为控制对不同类型创业意愿的影响及其内在机理进行了实证研究。之后，本书还对创业机会识别以及创业绩效的影响因素和影响机理等问题进行实证研究。上述研究细化了我们对于微型企业特点的认知，同时也深化了微型企业的研究成果。

（3）基于企业生命周期理论，对微型企业成长过程不同阶段的特点及相应的社会服务需求进行调查研究，并在此基础上提出构建社会服务支持体系的设想与措施。对于如何通过政策扶持来促进微型企业发展，虽然已经积累了一定的研究成果，但大多集中在金融和税收支持方面且呈现碎片化的状态，绝大多数研究也并不区分企业的生命周期阶段。相对而言，本研究一方面细化研究内容，针对其不同生命周期阶段展开调查分析，另一方面也从构建社会服务支持系统角度提供促进微型企业发展的解决方案，强调了社会资源的开发与利用，相关措施也更具针对性和操作性。

1.4 研究方法及研究思路

1.4.1 研究方法

科学的研究方法能够有效佐证论文的研究结论，也能够加强论文的研究深度。本书站在前人研究的基础上，从创业的视角出发，围绕微型企业的发展问题，综合运用多学科的科学研究方法进行立论分析。

1.理论分析法

理论分析是任何一篇学术论文展开研究的基础和起点，本书所探究的微型企业发展问题蕴涵了丰富的基础理论，涉及创业管理理论、企业成长理论、小企业理论、自雇型就业理论和政府职能理论等理论知识，对相关理论的借鉴有助于夯实本项目的研究基础，深化研究内容，也是本书各核心章节实证分析的基础。

2. 文献研究法

文献研究法是通过搜集、整理、研究文献以达到对事实形成科学认识的方法。本书研究了国内外与微型企业发展相关的大量文献资料，国内文献借助官方文献和大众传媒，主要应用了中国知网、万方、维普等数据库，国外文献通过 Ebsco、Willy、OECD 等综合性数据库以及谷歌、百度等搜索网站采集。通过文献梳理，项目组对国内外学者的研究成果和研究动向进行了系统性和规范性整理，以找到本项目研究的切入点，同时前人的研究成果也奠定了本书的研究基础，现有研究的不足正是本书立论的起点，为本书对相关问题的深入展开提供了研究空间。

3. 调查问卷与结构式访谈研究法

本项目针对微型企业创业者的创业意愿、微型企业创业者识别、开发微创业机会的过程与影响因素等采用了调查问卷与结构式访谈研究法。其中，问卷调查法是一种根据预告设定的调查目的针对事实现状进行信息搜集及反馈的研究方法，该方法通过向受访对象进行问题测度来有效了解所研究问题的真实状况。基于严谨的社会科学方法，本项目进行了严密的问卷调查设计，并进行了问卷的预试和进行了问卷的信度效度分析，获得了大量第一手资料，所获得的数据全面而科学，能够保证研究结果的客观性。同时，为了辅助问卷调查，佐证和补充已有调查分析资料，笔者及调查人员还针对研究问题对微型企业创业者进行了结构式访谈。

4. 实证研究法

针对现有研究中"创业意愿同质性"假设的潜在问题，本研究提出"创业意愿异质性"假设，并将创业意愿区分为小型生活型、小型高收益型和高成长型3种类型。在此基础上，本研究通过对计划行为理论模型进行修订，就主观规范和感知行为控制对不同类型创业意愿的影响及其内在机理进行了实证研究。此外，在创业领域，学者们对社会资本与机会识别的关系已经做了较多研究，但专门针对微型企业创业者的研究目前还十分有限，对其内在的影响路径和机理研究就更为匮乏。针对上述情况，本项目还实证研究了微型企业创业者的社会网络与创业机会识别的关系，并以创业警觉性为中介变量探究其影响路径。另外，本研究通过实证研究的方法对微型企业创业导向以及各维度对组织绩效的影响进行了分析，同时也对市场导向对创业导向与组织绩效之间关系所起的中介作用进行了验证。

1.4.2 研究思路

本研究大体分为3个方面，研究思路如图1-1所示。首先，通过文献研究与理论推演构建创业视角的综合研究框架。之后，在全国范围内选择有代表性的地区和城市，通过问卷调查、访谈调查、案例研究、实证研究等方法，研究以下内容：（1）潜在微型企业创业者群体的创业意愿及影响因素；（2）微型企业创业者识别、开发创业机会的过程与影响因素；（3）微型企业创业学习对创业绩效的影响；（4）微型企业的创业导向及其对组织绩效的影响；（5）我国微型企业的生命周期特点以及不同阶段对社会化服务支持的需求。最后，评估现行政策的实施效果，为政府部门优化政策体系和管理行为提供决策参考，为微型企业优化创业和运营活动提供建议与对策。

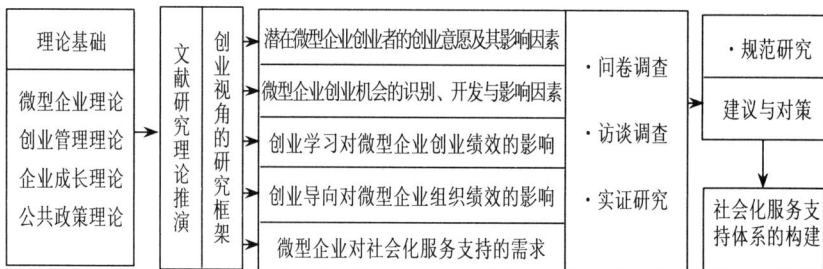

图1-1 本书的研究思路与研究方法

2 文献综述

2.1 企业规模与形态演进研究

与其他国家一样，我国于 2011 年颁布的《中小企业划型标准规定》中有关大、中、小、微企业的划分，根本依据就是企业规模。纵观企业发展演进的历史，企业的规模也经历了一个不断演进的过程。探究企业起源与规模演进背后的机理，不仅可以让我们了解各种规模企业的特征与区别，同时也是我们深入理解微型企业角色及存在合理性的基础。

2.1.1 企业的规模边界

企业是生产力发展到一定阶段的产物。马克思认为业主拥有的初始资本决定了企业的原始规模，"协作工人的数量首先取决于单个资本家能够支付的资本的多少，即取决于每个资本家在多大规模上拥有供许多工人用的生活资料""起初，为了有足够多的同时被剥削的工人人数，从而有足够的生产出来的剩余价值数量，以便使雇主本身摆脱体力劳动，由小业主变成资本家，从而使资本关系在形式上建立起来，需要一定的最低限额的单个资本"。①尽管马克思没有具体论述微型企业，但马克思所说的小业主企业，实际就是本书所研究的微型企业。

科斯在《企业的性质》一文中从"企业组织为什么会存在"这一问题出发，探讨了企业规模边界。在科斯看来，市场和企业均是资源配置的方式，市场是通过价格进行资源配置，而企业则是由"权威"进行配置。科斯对企业存在原因的解释是："市场的运行需要花费成本，通过成立一个组织、允许某一权力（企业主）指导资源配置，可以节约某些成本"。这样，企业的起源就归咎于为了节约交易成本。在探讨企业规模边界时，科斯认为"要确定企业规模，我们必须考虑生产成本（使用价格机制的成本）和不同企业主的组织成本。""企业主必须以较低成本行使自己的职能，因为他可以以比他所取代的市场交易更低的价格获得生产要素，如果他做不到这一点，他总是可以回到公开市场上去"。科斯认为企业的扩大必须达到这一点，即"在企业内组织一项交易的成本等于通过公开市场上的交换方式进行同一交易的成本，或在另一企业内组织它的成本"。②科斯进一步解释了企业与市场的关系，"如果通过组织一个企业可以消除某些费用即减少生产费用，那么为什么还会存在任何市场交易呢？为什么所有的生产活动不能由一个大企业来完成呢？"科斯的回答是由于"企业家能力的收益递减"，即超过某一点之后，随着企业内部交易的增加，组织成本开始上升。另外，企业家可能出现失误，不能最有效配置生产要素，因而，企业的规模不可能太大。

2.1.2　企业形态的演变

企业为实现特定目标，必须在市场上选择自己的最佳生存模式，选择与外界进行物质、能量和信息交流的最佳方式，具有了对外界环境变

---

①　马克思.资本论：第1卷［M］.中共中央马克思恩格斯列宁斯大林著作编译局，译.北京：人民出版社，1975：366—367.
②　普特曼，等.企业的经济性质［M］.孙经纬，译.上海：上海财经大学出版社，2000：80，83，79，96，87.

化较强的自我调节功能，才能保持组织的相对稳定。企业这一组织形式自诞生以来，也一直在不断演化并经历了如下的发展过程：

（1）古典企业阶段。古典企业是一种比较简单的企业组织形式，其特点主要体现在以下几个方面：一是产权单一，企业的经营主体是个人或家庭这类承担民事责任的自然人；二是投资额少、组织规模微小；三是企业抵御风险的能力较弱，对债务承担无限责任。总之，在古典企业形态下，企业受制于多方面的限制，难以资本积聚和规模扩张。古典企业大多数属于微型企业。

（2）近代企业阶段。在中世纪末期的欧洲，随着工场手工业向机器大工业的转化，企业生产经营规模也随之扩大，传统的古典企业形态无法适应时代的要求，职业经理人开始掌管企业运营，公司制企业开始产生。此阶段的企业组织特点如下：一是股权分散，资本来源社会化；二是经营风险降低，企业寿命延长，公司作为具有独立人格的法人，摆脱了古典企业投资主体寿命、能力等因素的限制；三是所有权和经营权分离，职业经理人出现。在这一阶段，在微型企业基础上，出现了一批大中型企业。

（3）现代企业阶段。19世纪下半叶，科学技术的进步使生产力进一步解放，资本集中程度也进一步加剧，企业规模进一步扩大，并逐渐形成了现代公司制企业形式。现代公司制企业具有如下特点：一是产权结构分散，资本来源更加多元化，筹资更加便捷且稳定性增强；二是形成了更加合理的终极所有权、法人产权与经营权"三权"分离与制衡的产权结构，保证了企业运营的持续性。

从古典式企业到现代企业制度的演变进程中，企业组织结构是呈复杂性和多样性发展态势的。企业形态演进也反映了企业规模上的演进。企业产权越来越分散，投资主体开始多元化，企业在生产上的规模呈现出不断扩大趋势。最初的企业是生产或经营单一产品或劳务的小规模业主制。在家庭所有制下，业主利用自己掌控的资源进行经营，在缺乏相应的企业与之协作且市场需求容量受限的情况下，企业的生产规模必然是微型的。这种缺乏协作的微型企业的经营方式往往采用单打独斗的单干模式。

企业形态从微小的业主制向公司制的路径演进，在这种演进进程中，企业规模总是处在不断扩张的动态过程中，这一扩张过程或者凭借单个资本的积聚、积累完成，或者通过合并完成。

从企业规模上看，在现代企业阶段，具有超大规模的多事业单位的企业占据了统治地位，在全球范围内配置资源，微型企业在大企业的光芒照射下，黯然失色。

2.1.3 微型企业存在的合理性

尽管古典阶段的企业大多数都是微型企业，但随着企业形态的演进，微型企业存在的意义和价值不断遭遇质疑和挑战。

亚当·斯密在《国民财富的性质和原因的研究》中指出，企业规模越大，越是可以通过分工提高劳动生产率，从而取得更大的规模效益，规模小的企业由于分工不足则难以生存。[1]马歇尔在其1890年出版的《经济学原理》提出了著名的"小企业淘汰论"，他预言：面对分工和专业化所带来的大机器生产的竞争，手工业会被机器化大生产所取代，而家庭作坊式的小企业终究会被淘汰与消灭。1909年，罗宾逊在其著作《产业制度论》中从制度的视角出发来批判小企业，他认为：小企业主要是依赖低工资和延长工人劳动时间来获取同大中型企业竞争的优势，这种优势是不合理的。罗宾逊还建议通过实施工资制来限制小企业的扩张。从斯密、马歇尔等人的上述观点可以看出，他们并不支持小微企业的发展，甚至主张限制小微企业的发展。当然，理解他们反对小微企业发展的理由，可以为促进微型企业的发展提供思路。[2]

马歇尔在1891年的《经济学原理》第2版中修正了他此前的观点，指出"大企业排挤小企业的倾向，已经走得太远，以致用尽了最初促进这种倾向的各种因素的力量"。在对英国企业发展情况进行实地考察之后，他发现同行业的小微型企业通过集群式发展可以获得与大中型企业的规模化生产一样的组织效率。针对这一情况，马歇尔借鉴"生命周期"思想，将整个社会经济比成森林，在有参天的"大树"（大中型企

① 亚当·斯密.国民财富的性质和原因的研究［M］.郭大力，王亚南，译.呼和浩特：内蒙古人民出版社，2008：8-10.
② 王进.构建重庆市微型企业社会化服务体系研究［D］.重庆：重庆理工大学，2013.

业）的同时，也要有矮小新生的"小树"（小微型企业）。许多"小树"在同"大树"进行获取阳光、空气的竞争中夭亡，但少数存活下来的"小树"经过死亡的洗礼，获得了自身发展的空间，会慢慢成长为新的"大树"，旧的"大树"则会逐渐失去活力与生命力而被淘汰。①通过生命周期的思想，马歇尔描绘了企业也有其生成—发展—死亡的规律，旧有的大企业衰亡后被小企业替代同样是自然法则的选择。②

后来的一些学者也从小微企业集群的竞争优势出发，对斯密分工与规模之间的关系提出了不同观点，指出分工的细化使企业规模出现两种不同的运动方向：一方面，在竞争中获胜的企业，通过资本积累和集中，规模越来越大；另一方面，精细的社会分工也为企业间的合作提供了条件，微型企业通过协作也会表现良好。③

波特还指出，"技术进步会触发小型的利基商机，使企业在雇员人数上的平均规模变小；微型企业的大量兴起，使企业竞争规则发生了改变"。④传统的企业竞争方式是假定在不同的生产技术和同质的需求基础上的"大鱼吃小鱼"式的竞争。事实上，规模不同的企业拥有的生产技术水平和消费群体是不同的。

经济学家舒马赫在其经典著作《小的是美好的》中批评西方工业化国家以经济增长来作为社会发展的目标并作为衡量国家进步的标准，认为规模化的生产会导致资源浪费、环境污染、经济效率降低，一味追求规模化的大生产，已经严重损害了"人类的尺度"。在他看来，对于区域性的小项目，小微企业会更具有效率，想要保证整个经济与社会可持续地发展，必须走小型化、中间的道路，小的才是美好的⑤。

约翰·穆勒受到达尔文"物竞天择、适者生存"进化论思想的启发，认为大型企业不一定在任何环境中都能占有较大的优势，相对而言，小型企业具有更加专注的态度、对微小损益更加重视以及适应性强等优势，这正是小型企业在大型企业的夹缝中得以存活的根

---

① 阿尔弗雷德·马歇尔.经济学原理:上卷［M］.朱志泰，译.北京:商务印书馆，1964:299-300，325-326.
② 王进.构建重庆市微型企业社会化服务体系研究［D］.重庆:重庆理工大学，2013.
③ 陈剑林.微型企业生存与发展问题研究［D］.成都:四川大学，2007.
④ 波特.竞争论［M］.高登第，等，译.北京:中信出版社，2003:70，83.
⑤ 舒马赫.小的是美好的［M］.虞鸿钧，郑关林，译.北京:商务印书馆，1984:167-169.

本原因。[①]

科斯通过使用交易成本来说明企业规模大小的问题。他认为，企业规模边界取决于企业的交易成本与企业组织成本相等这一点。尽管科斯没有直接论述交易费用变化是怎样影响微型企业生存的，但科斯交易成本学昭示了交易成本变动影响企业规模变动，企业选择"做大"还是"做小"取决于内部交易成本和市场交易成本的比较。随着现代技术的发展，信息技术改变了传统的时空观，数字化网络、信息高速公路等应用型技术大幅度提高了信息传递速度，甚至出现了虚拟市场和虚拟组织，从而降低了交易成本，也使企业的组织成本降低。企业交易成本和组织成本不同幅度的变化，使企业规模出现3种变化：企业交易成本与企业组织成本按照同等的比例下降，规模不发生变化；企业交易成本下降比例高于企业组织成本下降比例，企业规模缩小；企业交易成本下降比例低于组织成本，企业规模扩张。"信息革命正横扫世界经济，没有哪家公司能躲得过它的效应。传统的交易方式正面临大幅度降低信息获取、制造程序、信息交换等成本的变化"。[②]交易成本会因为交易双方信息对称使搜集、甄别、签约成本变小，从而造成企业规模朝相反的趋势演进：其一，企业因交易成本低，规模不断扩大；其二，因交易成本低，企业生存成本也相应变得小，从而使微型企业获得了生存的机会。[③]

2.2 微型企业的相关研究

2.2.1 国内外对微型企业的界定

目前，国内外对于微型企业的界定尚无统一标准。总体而言，各国对微型企业的界定主要体现在定量和定性两方面。

定量方面的界定主要是指企业规模的大小。按照国际上的通行标准，主要是从企业员工数量、资产规模和营业额3方面来衡量。不过，

① 王进.构建重庆市微型企业社会化服务体系研究 [D]. 重庆：重庆理工大学，2013.
② 波特.竞争论 [M]. 高登第，等，译.北京：中信出版社，2003：70.
③ 陈剑林.微型企业生存与发展问题研究 [D]. 成都：四川大学，2007.

具体到各个国家又有不同的特点,有些国家采用单一标准,有些是同时设立几个标准。

定性方面的界定主要是指企业的结构性标准。例如,亚洲开发银行在对微型企业规模进行界定时,特别指出高科技型企业不属于微型企业。再如,美国的界定标准中明确指出微型企业的拥有者和经营者应为贫困人口。

总体而言,国内外对微型企业的界定主要采用定量的方法,即主要根据人员数量、营业收入、资产总额等指标,结合行业特点制定,见表2-1:

表2-1 　　　　　　　部分国家和地区的微型企业标准

国家或地区	微型企业界定标准
欧盟	雇员人数1～9人的企业,称为非常小企业
美国	包括家族成员在内的,雇员人数不超过10人的小企业
日本	工业、运输业:从业人数20人以下的企业 批发业、零售业、服务业:从业人数5人以下的企业
菲律宾	在菲律宾境内从事制造业、农业经济或服务业的,资产总额在150万比索以下、雇工人数在1~9人的企业
中国台湾地区	员工低于5人(含所有人在内)、设备投资低于2.5万美元的企业组织,且通常是居家型事业
萨尔瓦多	资产总额150万科朗以下,雇员1~9人

长期以来,我国并没有微型企业划型标准。2017年,国家统计局明确提出了《统计上大中小微型企业划分办法》,微型企业作为一种新的统计上的企业划分标准从中小型企业中独立出来。该办法按照行业门类、大类、中类和组合类别,依据从业人员、营业收入、资产总额等指标或替代指标将小、微型企业进行具体划分,见表2-2[①]。

----

①作者根据相关资料整理。

表2-2   统计上小微型企业划分标准

行业名称	指标名称	计量单位	小型	微型
农、林、牧、渔业	营业收入（Y）	万元	50≤Y＜500	Y＜50
工业*	从业人员（X）	人	20≤X＜300	X＜20
	营业收入（Y）	万元	300≤Y＜2 000	Y＜300
建筑业	营业收入（Y）	万元	300≤Y＜6 000	Y＜300
	资产总额（Z）	万元	300≤Z＜5 000	Z＜300
批发业	从业人员（X）	人	5≤X＜20	X＜5
	营业收入（Y）	万元	1 000≤Y＜5 000	Y＜1000
零售业	从业人员（X）	人	10≤X＜50	X＜10
	营业收入（Y）	万元	100≤Y＜500	Y＜100
交通运输业*	从业人员（X）	人	20≤X＜300	X＜20
	营业收入（Y）	万元	200≤Y＜3 000	Y＜200
仓储业*	从业人员（X）	人	20≤X＜100	X＜20
	营业收入（Y）	万元	100≤Y＜1 000	Y＜100
邮政业	从业人员（X）	人	20≤X＜300	X＜20
	营业收入（Y）	万元	100≤Y＜2 000	Y＜100
住宿业	从业人员（X）	人	10≤X＜100	X＜10
	营业收入（Y）	万元	100≤Y＜2 000	Y＜100
餐饮业	从业人员（X）	人	10≤X＜100	X＜10
	营业收入（Y）	万元	100≤Y＜2 000	Y＜100
信息传输业*	从业人员（X）	人	10≤X＜100	X＜10
	营业收入（Y）	万元	100≤Y＜1 000	Y＜100
软件和信息技术服务业	从业人员（X）	人	10≤X＜100	X＜10
	营业收入（Y）	万元	50≤Y＜1 000	Y＜50
房地产开发经营	营业收入（Y）	万元	100≤Y＜1 000	Y＜100
	资产总额（Z）	万元	2 000≤Z＜5 000	Z＜2000
物业管理	从业人员（X）	人	100≤X＜300	X＜100
	营业收入（Y）	万元	500≤Y＜1 000	Y＜500
租赁和商务服务业	从业人员（X）	人	10≤X＜100	X＜10
	资产总额（Z）	万元	100≤Z＜8 000	Z＜100
其他未列明行业*	从业人员（X）	人	10≤X＜100	X＜10

注：表中各行业的范围以《国民经济行业分类》（GB/T 4754—2017）为准。带*的项为行业组合类别。其中，工业包括采矿业，制造业，电力、热力、燃气及水生产和供应业；交通运输业包括道路运输业，水上运输业，航空运输业，管道运输业，多式联运和运输代理业、装卸搬运，不包括铁路运输业；仓储业包括通用仓储，低温仓储，危险品仓储，谷物、棉花等农产品仓储，中药材仓储和其他仓储业；信息传输业包括电信、广播电视和卫星传输服务，互联网和相关服务；其他未列明行业包括科学研究和技术服务业，水利、环境和公共设施管理业，居民服务、修理和其他服务业，社会工作，文化、体育和娱乐业，以及房地产中介服务，其他房地产业等，不包括自有房地产经营活动。

2.2.2　有关微型企业发展状况的研究

1.消除贫困

促进微型企业发展已经成为众多发展中国家扶助贫困人口的重要战略举措（McPherson，1996）。以孟加拉国为例，该国在20世纪70年代末遭遇严重的自然灾害，大量民众陷入生活困境，甚至因饥饿而死去。针对这一现状，孟加拉国的格莱珉银行通过提供无抵押贷款和其他金融服务支持贫困人口（甚至乞丐）创办微型企业，成功帮助这些人口摆脱贫困。格莱珉银行的创始人穆罕默德·尤努斯教授也因其在此方面做出的努力和贡献而荣获2006年"诺贝尔和平奖"，其获奖理由是"从底层推动社会经济的发展"。

与各国的实践相对应，国外对于微型企业的相关研究大多也是以"反贫困"为根本出发点展开探讨的，研究的地域范围主要集中于非洲、亚洲等欠发达地区。美国国际开发署就将"微型企业"定义为：由当地人拥有、雇员（包括不领薪水的家庭成员）不超过10人，其业主和经营者为贫困人口的小企业。由此定义可以看出，经营与拥有微型企业的人群大多可归于贫困人口的行列。基于反贫困的目的，国际上绝大部分微型企业项目的目标群体都指向贫困人群，主要包括失业者、低收入者等；也有直接服务于特定对象的，如少数族群、女性群体和残障人士。[1]

党的十九大报告提出，我国社会主要矛盾已经转化为人民日益增长的美好生活需要和不平衡不充分的发展之间的矛盾。这个关于我国社会主要矛盾的新表述，改变的不是一个纯概念，必须落实到各个领域，其中很重要的一个方面就是，要紧密联系脱贫攻坚的重要性和艰巨性，坚决打赢脱贫攻坚战，因为人民日益增长的美好生活需要包括贫困人口的美好生活需要，贫困人口的全面脱贫决定着人民美好生活需要是否被满足。而且，贫困人口的全面脱贫也决定着不平衡不充分发展是否被最终解决。[2]

在此背景下，通过帮助贫困地区人口创建微型企业，提高他们的收

---

[1] 杨梅.反贫困：国外对微型企业社会资源供给支持的研究及启示 [J]. 中国行政管理，2016（5）.
[2] 刘江.紧扣社会主要矛盾变化　坚决打赢脱贫攻坚战 [N]. 经济日报，2017-11-17.

入水平，可以成为解决贫困问题的重要途径。

2.促进就业

Munoz（2010）指出，微型企业通过创造就业机会、增加收入、提升购买力水平、降低成本和提供商业便利等途径，在促进社会经济发展方面发挥了重要作用。一般来讲，微型企业由于资产少，技术含量低，绝大多数都是劳动密集型企业，因此，在同样单位投资与单位产值下，微型企业可以提供比大中型企业更多的就业岗位。有关统计资料表明：在拉丁美洲，5 人以下微型企业的雇员占非农业劳动力的一半；在非洲可以占三分之二。在我国，以重庆市为例，截至 2011 年 12 月 20 日，全市微型企业总数达到 50 367 户，解决就业 40.29 万人（数据源自重庆市微型企业发展网）。其中，2011 年以来发展 39 929 户，解决就业 30.94 万人。在大中型企业提供就业岗位、推动欠发达地区经济发展潜力有限的条件下，大力推进微型企业的发展，鼓励下岗职工及大学生自主创业，推动欠发达地区民营微型企业的发展，可以有效降低失业率，提高低收入者的收入，并且有力推动欠发达地区经济的快速发展，从而有利于整个社会的稳定与繁荣。[①]

3.推动经济发展

相较于大中型企业而言，微型企业虽然自身规模较小，单个企业对社会的贡献较小，但是微型企业数量众多，依靠数量优势，仍然可以有力促进国民经济的发展。此外，随着人类社会逐步进入知识经济和工业 4.0 时代，技术创新环境发生了很大变化，技术创新不再过度依赖资金与设备投入，而是对人力资本提出了更高的要求。这也为微型企业进入高技术、高附加值领域提供了可能和机会。微型企业可以利用自己有限的精英人才，在某一关键领域取得突破，占领制高点。目前，无论是在国内还是在国外，一系列以研发为主的创新型微型企业正在不断涌现，成为推动国家创新战略实施和经济结构升级转型的重要力量。此外，微型企业与其他企业之间的互补效应也日益突显。微型企业在就业、技术创新、减轻经济周期波动、服务经济发展方面，都起着极为重要的作

---

① 王进.构建重庆市微型企业社会化服务体系研究［D］.重庆：重庆理工大学，2013.

用。大力发展微型企业，可以夯实经济体的基础，形成一个更加坚固、更加全面的经济体，保证经济的全面发展。①

此外，地区经济发展的不平衡以及社会阶层贫富差距拉大对于整个社会的和谐稳定提出了挑战。在这种情况下，发挥居民主观能动性，鼓励居民尝试通过自主创业实现发家致富，同时推动城镇化进程，对于"城乡统筹"发展目标的实现以及整个社会的稳定和繁荣都将产生巨大的推进作用。

2.2.3 有关微型企业发展对策的研究

现实中，微型企业发展面临的主要问题包括：资金获取、分销渠道、商业扶持和市场开发（McElwee，2006）。有关政府扶持微型企业发展的政策研究主要集中在融资方面。一直以来，融资政策都是国际学术界对微型企业发展政策的研究重点，学者们热衷于探讨发展中国家的政府对微型企业融资借贷的具体扶持政策和措施。微型融资对于微型企业发展的重要性，已被学者们用大量的数据事实和实际例证证明。其中，20世纪80年代初孟加拉国格莱珉银行推行的小额信贷业务，成功帮助孟加拉国的贫困人口脱贫致富，引发了实践和理论界对小额信贷项目的广泛关注和推广。Black 等学者（1999）明确指出小额贷款的发展和推广是推动全球微型企业发展的最初动力。Hartarska等学者（2008）还发现小额信贷机构的存在和发展不仅可以缓解微型企业融资约束，还可以推动实现更加多样化、多渠道的微型企业金融融资服务。不过，Gebru（2009）认为微型企业的异质性和多样性决定了中小企业融资理论方法对微型企业融资实践并不完全适用。这也意味着外部融资模式不可能由唯一的金融结构或固定方法确定。②这种观点得到了一些学者的支持，他们提出微型企业的多样性会使其创办者的信念和欲望在决定资本结构组成中发挥特别重要的作用，微型企业融资模式必须建立在对融资需求者个体的信仰偏好、角色预期、负担能力等深入了解的基础上，

① 王良洪.国外的微型企业及其作用［J］. 经济管理，2006(1)：89-90.
② GEBRU G H.Financing Preferences of Micro and Small Enterprise Owners in Tigray: Does POH Hold? ［J］. Journal of Small Business Enterprise Development，2009，16（2），322-334.

以便政府能制定更加匹配的资本调配政策。①

Pisani 和 Patric（2005）发现，微型企业家大多属于贫困人口，只受过很少的（甚至没有受过）正规教育，普遍存在素质不高、能力不足的特点。Carstens 认为在发展中国家，政府应通过政策倾斜来降低创业者的脆弱性和依赖性，帮助微型企业创业者提高人力资源素质，并促进形成互助团体的社会氛围。Lee 等学者的研究显示：中国台湾通过对创业者进行人力资本投资而有效促进了微型企业的发展。此外，还有些学者致力于研究如何利用政策措施增加微型企业创业者的社会资本，促进微型企业创业者获取资源和信息。社会资本能引导个人和家庭的良性发展，增加社会支持。由于共同的目标，微型企业的发展与社会资本具有相辅相成的关系。微型企业为弱势群体自主经营提供契机，特别是帮助贫困人口和低收入人群在经济上能自给自足，促进贫困人口逐渐融入社区团体和主流经济。这些微型企业的创办者和经营者既掌握和创造着企业的知识和文化，也保有对自身所在社区的理解和认识。这种"双语"处境不仅会促进经济发展，同时有助于社会资本的壮大，最终使社区变得更加强健、更具活力。

对于各国扶持政策的效果，学者们也进行了广泛的研究。政府在政策上对微型企业的忽视和支持不足是微型企业发展的重要制约因素（Reynolds，1996）。Perren（1999）认为，对微型企业的支持措施应该度身定制，不能只是提供标准化的政策；否则，不仅浪费资源，也难以满足实际需要。

Midgley 认为，政府扶持微型企业发展过程中面临的主要问题是政策的制定和设计总是依赖单一的策略理念，体现为主要依赖小额信贷的支持。然而，微型企业的发展仅仅依赖小额贷款所提供的资金是远远不够的，也需要人力资本和社会资本的联合支持，还需要结合创业特点和背景因地制宜。②因此，政府应通过出台配套的政策措施，建立和扩大支持微型企业发展的经济资本、人力资本和社会资本等供给网络，帮助

---

① 杨梅.反贫困：国外对微型企业社会资源供给支持的研究及启示［J］.中国行政管理，2016（5）.
② MIDGLEY J. Microenterprise, Global Poverty and Social Development［J］. International Social Work, 2008, 51(4), 467-479.

微型企业摆脱困境，实现其持续健康发展。对于政府如何促进经济组织的发展，日本经济学家青木昌彦认为，在经济活动中，政府失灵的情况未必会比市场失灵少，因此，大部分的经济活动应由分散的民间组织来加以协调，政府的职能主要体现在如何促进这些民间组织的完善上。①也就是说，要促进微型企业发展、发挥微型企业的积极作用，政府部门除促进市场协调以外，还应积极推动不同的民间组织的发展，并与其相互作用，形成一种新的协调制度，较少直接干预资源配置。

因此，微型企业发展的政策和项目只有被真正整合到更广泛的战略中去，才能够发挥其作用和效果，否则不太可能达到预期目标。目前，越来越多的学者意识到，政策碎片化使得促进微型企业发展并不能通过简单的政府推动的经济扶持政策而实现，还需要创业者个人、微型企业自身、社会组织、市场和政府的共同参与，实行混合干预措施。因此，微型企业扶持政策体系必然是个立体系统。

2.3 创业研究综述

2.3.1 创业研究的主要议题

早期的创业议题研究主要集中于经济领域。"创业"（Entrepreneurship）一词的出现可以追溯到 18 世纪，1775 年，法国经济学家 Richard Cantilon 将创业者和经济中承担的风险联系在一起，首次对创业进行了界定，他认为创业代表着承担风险，而创业家则是愿意将其技能知识和资金运用在这项事业中并承担事业风险的人。②

Schumpeter（1930）认为在供需均衡的经济系统中，创业家倾向于利用新组合来打破均衡。在 Schumpeter 的学术研究基础上，西方学术界对于创业问题的研究分为与经济发展相关的创业研究以及侧重创业机会研究两大流派，前者于 1948 年诞生于哈佛大学企业家历史研究中心，研究方向为创业与经济发展之间的相关性，以及产品商业化与创新等；

后者是由 Hayek 和 Mises 发起倡导的关于创业机会的探索。

20世纪80年代，受到经济全球化以及社会力量增强的影响，创业理论得以迅猛发展，随之受到了经济学、社会学、政策学等各研究领域学者们的广泛关注，各学者结合自身研究领域的特点，基于多元视角对创业现象和创业活动进行了阐释，使创业理论不断发展完善。因研究角度的不同，学术界对于创业这一内涵的界定也不尽相同，并未形成统一的标准，本研究中列举了如下比较具有代表性的学者观点。

Joseph Schumpeter（1934）认为："创新是创业的本质和手段，创业就是实现创新的过程。"[1]Gartner（1985）同样认为创业的过程就是创建新的组织，主要分为五种活动，包括获取资源、生产产品、建立组织、营销产品和服务、回馈政府和社会。[2]Robert C.Ronstadt（1989）认为，创业是一个创造增长的财富的动态过程。Howard Stevenson（1989）提出，创业是一个人——不管是独立的还是以组织形式存在于组织内部的——追踪和捕获机会的过程，这一过程与其当时控制的资源无关。[3]Stevenson 和 Jarillo（1990）指出，创业是个人突破当前所控制的资源而去追逐更多资源的过程。

进入21世纪之后，学者对创业活动的研究侧重点转向了创业机会的研究，在 Shane 和 Venkataraman（2000）[4]的研究观点中，创业活动立足于创业机会，他们认为应重视对创业机会的衡量。例如，如何在市场中捕捉到创业机会并充分利用这些机会，最终将个人或组织的利益最大化从而获取收益。所以，创业也可以在一定程度上被定义为发现和利用有利可图的机会。Yolanda Samson、Jesse F.Dillard 和 Tom Dean（2006）认为，创业起到了纽带作用，维系着组织机构与创业机会两者间的关系，阐述了创业机会并不是单一的客观现象，而是与创业者个体的特质（对机会敏感度）有关联。GEM 将创业定义为：依靠个人、团队或一个现有企业，来建立一个新企业的过程，如自我创业、一个新的业务组

① SCHUMPETER J.Economic Development and Entrepreneurship ［M］. Cambridge: Harvard University Press.
② 郜梅梅，任园园.大学生创业及优劣势分析［J］. 知识经济，2010（5）：74-75.
③ STEVENSON H H，JARILLO J C A. Paradigm of Entrepreneurship: Entrepreneurial Management ［J］. Strategic Management Journal.1990,11（1）：17-27.
④ SHANE，VENKATARAMAN.The Promise of Entrepreneurship as A Field of Research ［J］. Academy of Management Review.2000，12（5）：47-56.

织、一个现有企业的扩张。①复旦大学教授郁义鸿（2000）认为："创业是一个发现和捕捉机会并由此创造出新颖的产品、服务或实现其潜在价值的过程。"张玉利和陈立新（2008）指出，创业是一项高度综合的管理活动，创业者基于创业机会的市场驱动，在可控资源匮乏的前提下追求和管理机会，感知创业机会，识别能为市场带来新价值的创新性产品或服务理念，并最终实现新企业生存与成长。宋克勤（2002）认为："创业实质上是个体通过发现和识别商业机会，组织和利用各种资源来提供产品和服务，并创造价值的过程。"②

对于由创业的含义逐渐形成的创业理论体系，不同学科和研究领域的学者众说纷纭，按时间顺序进行梳理，结合其研究成果侧重点，可大体将创业理论基于微观层面划分为以下几个学派：（1）以 Richard Canti-lon（1755）和 Frank Knight（1921）为代表的风险学派，他们认为创业者专注于承担风险以及不确定性；（2）Jean Baptiste Say（1800）和 Al-fred Marshall（1990）代表领导学派，创业者在企业地位和产品生产过程中均发挥了领导职能；（3）Josephy Schumpeter（1942）为代表的创新学派，认为创业者以创新为目标，通过技术创新等方式实现生产要素的新组合；（4）代表认知学派的 Baron 和 Gartner 以及 Kieaner（1973）等认为，与创业者的认知特性类似的主观因素将直接影响创业效果；（5）Saxenian（1999）代表社会学派，指出内外的社会环境对创业起到了决定性作用；（6）代表管理学派的 Drucker（1985）认为，创业者是可以通过自身学习和外部教育培养出来的；（7）Dess（2001）等战略学派的学者将创业过程置于企业战略管理过程中，运用战略管理的研究方法归纳创业理论；（8）Shane 和 Sigh（2001）代表机会学派，主要侧重对创业机会的识别与应用从而构成创业理论。

通过对上述文献观点的回顾，可以看出，创业理论的发展，已经从单一的对创业特质的考量发展为对整个创业过程的研究，正如 Gartner 所言，只关注创业特质的研究是缺乏研究成果的，应关注创业行为，并

① 王宁.关于当代大学生创业的相关理论研究［J］.经济与社会发展，2011（2）：163-166.

② 宋克勤，等.管理学研究要与时俱进［N］.光明日报，2002-04-09.

挖掘创业过程的规律。[①]创业理论的研究也就随之越来越侧重于企业生命周期前段的活动，即组织、过程以及行为等。在创业过程中，同样不可忽视的一个重要因素就是分析创业行为。创业意图和创业机会都可以通过创业行为表现出来。创业导向（Entrepreneurial Orientation）的提出是对创业文化、精神以及创业型组织等相关研究的高度总结。Miller将创业导向归纳为3个维度：创新（Innovation）、超前行动（Pro-activeness）和风险承担（Risk-taking）。[②]Lumpkin和Dess对以上3个维度又进行了补充，引入自主性（Autonomy）与竞争积极性（Competitive Aggressiveness）[③]作为创业导向的另两个价值维度。

由此可见，国外学界对于创业议题的理论研究已经完全由经济学领域拓展到了企业管理、组织行为、社会学等各个学科领域，而且跨学科的研究也产生了众多的理论。

2.3.2 创业的系统化研究

创业系统化研究始于20世纪40年代，至90年代和21世纪初得到了蓬勃发展，由创业研究延伸发展形成的创业理论包含主要研究内容和相关模型等，逐渐形成了创业系统理论。对创业理论的研究基本以机会为创业活动的起点，对机会的识别与开发成为创业理论研究的核心部分，同时关注创业者如何识别机会和对机会的利用程度，在此基础上引入对不同身份的创业者的研究。在层层深入的研究过程中，创业理论倾向于就创业者的决策行为等内部运行机理对创业行为影响程度的相关研究。除上述内容外，为了将创业理论量化，Gartner（1985）、Timmons（1999）、Sahlman（1999）和Cooney（2005）等学者建立了相关模型，其中以GEM模型和Timmons模型应用较为广泛。

Cartner（1985）认为，创业过程包括从一项具有市场价值的商业计划到成为一个真实的企业组织这一过程中的所有事件。Gartner进一步

---

① GARTNER W B，BIRD B，STARR J A.1992，Acting as If: Different Entrepreneurial Behavior From Organizational Behavior［J］. Entrepreneurship Theory and Practice.1992，12（7）：13-31.
② MILLER D.The Correlates of Entrepreneurship in Three Types of Firms［J］. Management Science.1983，29（7）：770-791.
③ LUMPKIN T，DESS G.Clarifying the Entrepreneurial Orientation Construct and Linking it to Performance［J］. Academy of Management Review.1996，21（1）：135-172.

构建了一个四维度的创业过程理论模型，对创业过程的复杂性进行了解释和说明，打破了以往仅从单一维度出发研究创业的局限。这四个维度分别为：（1）创业者维度，指的是创业者个人的成就感、控制力、风险承受倾向和工作经历等一系列个体特征及其对创业活动的影响；（2）组织或企业，即创业者所创立的客体，既包括创建新的企业组织，也包括现有组织创办新的事业或产品部门；（3）过程，即创业者开展和实施创业活动的基本过程，涉及创业机会识别与开发、创业资源的搜集与积累以及围绕产品和业务推广而开展的市场营销等活动；（4）创业环境，也就是企业生产运营的环境，其中既包括顾客、供应商、竞争对手等微观个体和组织，也涉及政策、法规以及社会文化等多元环境要素。在Gartner 所构建的创业过程模型中，四项要素交互影响、交互促进，共同构成了一个互动影响的网状结构，如图 2-1 所示。

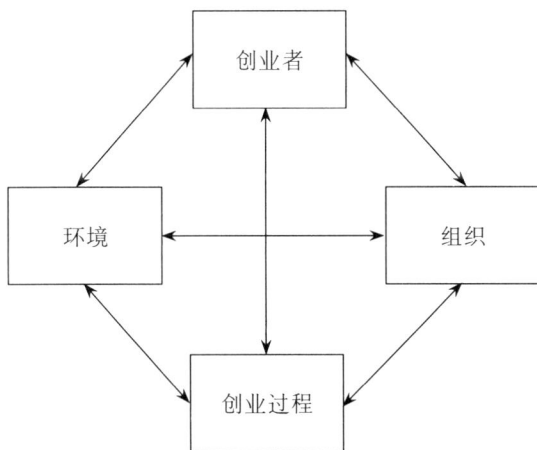

图 2-1 Gartner 的创业过程模型

资料来源：GARTNER W B .A Framework for Describing the Phenomenon of New Venture Creation ［J］. Academy of Management Review，1985，10（4）：696-706.

该模型的主要理论贡献在于其创造性地提出了创业过程的多维概念，对创业过程的构成要素进行了较为全面的概括与分析，并基于创业过程的复杂性对创业活动进行解释和说明，为后续创业过程理论模型的构建奠定了基础。不过，Gartner 模型的不足之处在于，其对于创业过程四要素间的互动过程和机理并未给出具体说明和解析。

　　1999年，Timmons提出了研究史上非常重要的创业模型，该模型将创业维度划分为商机（Opportunity）、资源（Resources）、团队（Team）3个维度，如图2-2所示。Timmons认为创业是一个高度动态的活动过程，受到商机、资源、团队三大要素的共同驱动。其中创业活动的起点和驱动因素是商业机会，其特征决定了所需的创业资源以及创业团队的构成。创业的成功依赖于上述3要素的动态平衡，平衡的控制取决于创始人及其创业团队。

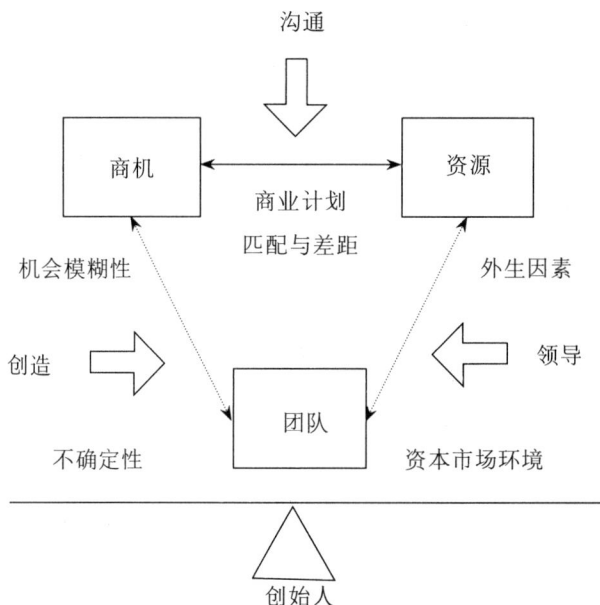

图2-2　Timmons创业过程模型

　　资料来源：TIMMONS J A .New venture creation： entrepreneurship for the 21st century［M］. 5ed., New York：McGraw-Hill, 1999.

　　由于创业活动受到外界环境的不确定性、机会模糊性、创业活动的动态性和风险性等因素的冲击，由商机、资源和团队三者构成的原有平衡常常被破坏，从而导致失衡。这时会产生以下两种情况：一是商机很好，但资源很有限；二是资源很充足，但没有很好的商机。创业者在平衡的下端发挥创业团队的主观能动性，来整合机会和资源，从而实现这3方面的再次平衡。因此，Timmons模型中的创业过程是"平衡-失衡-平衡"的动态过程，创业团队是保持三者间平衡的关键因素。

2.3.3 全民创业与微型企业发展

早在 2014 年 9 月的夏季达沃斯论坛上，李克强总理就发出了"大众创业、万众创新"的号召。他提出，要在 960 万平方公里土地上掀起"大众创业""草根创业"的浪潮，形成"万众创新""人人创新"的新态势。在国家的积极倡导与大力推动下，国内出现了以大学生等 90 后年轻创业者、大企业高管及连续创业者、科技人员创业者、留学归国创业者为代表的创业"新四军"，草根创新、蓝领创新、创客、众创空间等新的形式层出不穷。①

徐凌云（2005）提出，创业是建立和谐社会的一个重要途径。全民创业实际上就是充分运用民间资本并支持新企业的创建。在当今市场需求不断细化的情况下，创建微型企业不仅有助于解决民生就业问题、增加公民收入，还有利于提高妇女的社会地位，对实现全民小康和经济社会和谐发展有重要意义。

杨晶（2013）的研究表明，21 世纪是个创业型经济发展的大时代，微型企业有利于创业型经济的发展，创业能力与创新能力将会成为关键竞争力。创业型经济将会使得小型、微型企业取代大企业成为经济增长的新动力。微型企业的灵活性与创造性能够帮助我国转变长期以来依靠投资促进经济增长的局面，并不断推陈出新促进创业文化的繁荣和创业教育的完善，从而促进宏观经济的增长。

---

① 武晓娟.为什么提倡大众创业、万众创新？［N］.经济日报，2015-05-28.

3 微型企业创业者的创业意愿及其影响机理

　　要促进微型企业发展、实现"全民创业、万众创新"的战略设想，首先需要有大量的小微企业创业者涌现。然而，长期以来，相对于就业而言，创业通常被认为是少数人的事业，相应地，大部分人并不具有创业的动机或意愿。创业领域的研究成果表明，创业意愿是创业行为的最佳预测变量。也就是说，创业意愿是创业行为产生的基础，要促进全民创业和微型企业发展，首先要促进民众创业意愿的形成。那么，创业意愿自身有什么特点？受哪些因素的影响呢？

　　目前，国内外学者对创业意愿的研究较为深入和全面，但研究结论仍存在分歧，并且以"创业意愿同质性"的假设作为前提。在以往的研究中，学者们并没有对创业意愿进行更加详细的区分，而是仅仅笼统地询问被调查者"是否有在目前或未来自己创办企业的想法"，并对于所有给予肯定回答的受访者都在数据处理和理论分析过程中做均一处理。但事实上，即便受访者给予了相同的肯定回答，其创业愿景却往往存在较大差异。例如，一些人渴望其创办的企业规模能与世界500强企业齐名；而另一些创业者可能更倾向于创办文创企业，如开办画室、咖啡屋等小微企业，没有过高的收益期望，而是致力于追求自由、安逸的企业环境。因此，即使是微型企业的潜在创业者，其创业意愿也是存在差异的。本研究认为，现有研究结论存在分歧并且相关理论对实践缺乏有效指导的根源应归咎于学者们对创业意愿异质性的忽视，为此，本研究基于"微型企业创业意愿异质性"假设，结合以往研究将创业意愿进行细分，并通过对创业意愿研究中的主流模型——计划行为理论模型的修订，探究微型企业创业意愿的形成机理，并就理论模型对不同类型创业意愿的适用性进行相应讨论。在理论层面，本研究旨在弥补现有理论的不足并检验理论的适用范围；在实践层面，则致力于为政府和高校等相关部门有效促进微型企业的发展，促进全民创业、草根创业战略的实施提供理论指导和借鉴。

3.1　创业意愿及其分类

有些学者认为，创业意愿是一种想要创办新企业与新组织的心理活动状态，可以促使创业者为实现企业目标而产生一系列创业行为。创业意愿可以看作个人或社会因素对创业行为发挥影响的一座桥梁，创业意愿较高的个体其真正执行创业行为的可能性更大。因此，我们可以通过衡量个体的创业意愿从而有效地预测创业者的创业行为。近年来，各国纷纷将创业作为发展经济和解决就业问题的重要手段，创业意愿作为创业活动背后的关键驱动因素，也日益成为创业研究领域的热点问题，并积累了比较丰富的研究成果。然而，在以往的研究中，创业意愿仅仅被习惯性地划分为"有或无"，并没有根据其更深层次的缘由对创业意愿进行更细致的分类。从历史的文献资料来看，学者们对创业活动主要从3个角度进行区分：一是基于创业动机的分类，如生存型创业和机会型创业；二是基于创新和风险程度的分类，如复制型创业、模仿型创业、安家型创业和冒险型创业；三是基于规模和盈利水平的分类，如小型收益型创业和高成长型创业等。

在现有文献中，学者们对于创业的上述分类很少被应用于对创业意愿的研究，而是主要被应用于对实际发生的各种创业进行事后描述与分析，其背后的理论假设就是创业意愿形成中并不涉及上述类型的选择。然而，基于本研究中通过对潜在微型企业创业者的访谈资料，本研究试图从动机、规模和盈利性3个维度将创业意愿区分为小型生活型、小型高收益型和高成长型3种。小型生活型是指潜在创业者打算创办一家始终保持较小的规模（员工在1~20名或只有所有者本人）的企业，且只求获得中等收入和较为稳定的生活方式；小型高收益型是指潜在创业者既希望未来的企业保持较小的规模（员工人数为1~20名或只有所有者本人）又渴望通过有效管理创造较高收益；高成长型是指潜在创业者渴望自己的企业经过不断发展和创新有朝一日蜕变为业内规模最大、最具实力和盈利最多的企业。

3.2 创业意愿的影响因素与影响机理研究

3.2.1 创业意愿研究的 TPB 模型及其修订

Ajzen（1985）提出的计划行为理论模型（Theory of Planned Behavior，TPB）是在有关创业意愿的研究中最有影响力的研究成果之一。[①]根据TPB模型，创业意愿主要受主观规范、感知行为控制和态度这3种因素的影响。其中，主观规范表示外部因素（包括亲朋好友、政府机构、社会团体等）对个体自身决策的影响；感知行为控制反映个人知觉到实践某种行为的困难程度，表示个体对自身行为的自我控制能力；创业态度指的是个体对创业行为所持有的一种消极或积极的评价。西方学者们对于创业意愿影响因素的研究大都借鉴了TPB模型，并且主观规范、感知行为控制和态度通常被视为并列的3个影响因素，直接影响着创业意愿。然而，在中国特殊的文化情境下，莫寰（2009）发现创业者的感知行为控制会对创业态度产生影响。Linán（2007）也在研究中发

---

① AJZEN I. From Intentions to Actions：A Theory of Planned Behavior ［M］. Heidelberg：Springer，1985：11-39.

现，主观规范对创业意愿的间接影响是通过创业态度实现的。[①] 针对上述研究结果，本研究对计划行为理论模型进行了修订，提出了以创业者主观规范和感知行为控制为自变量，以创业意愿为因变量，以创业态度为中介变量的理论模型，以期探究创业意愿的影响因素及影响机理，并提高该理论在中国情境下的预测效果。

3.2.2　研究假设

主观规范是指个体在选择是否采取某项特定行为时所感受到的社会压力，它体现了对个人采取某项特定行为或行为决策具有重要影响力的个人或团体的限制，例如，如果创业者的父母对创业活动持消极态度，那么很可能阻碍个体创业行为的发生。主观规范要发挥作用的充分条件是：首先，微型企业创业者个人感知到外部群体对自己付诸某种行为存在期望。其次，微型企业创业者个人顺从这种期望。国内外学者们对于主观规范与创业意愿之间的关系仍然存在分歧，例如，Krueger 和 Carsrud（1993）认为，人们的未来职业规划会受到外界影响，主观规范对创业意愿具有重要影响得到实证证明；李永强（2008）认为主观规范对创业意愿的影响效应为 0.289（P<0.000），特别是在中国的文化背景下，主观规范对创业意愿的影响作用比国外更大；王满四和李楚英（2011）的研究表明，主观规范是影响创业意愿的重要因素。但 Ajzen（1991）却指出，主观规范对创业意愿的解释度并不高；莫寰（2009）的研究也表明，主观规范与创业意愿并没有显著的相关性。本研究认为，结合我国传统的文化背景和价值观，创业者在选择创业时的动机程度和"创业类型"，会受到与创业者关系密切的群体的影响，如父母、亲戚和朋友等，这些群体的认可和支持是创业者能否成功的重要保证，创业者不仅会关注这类群体的期望，而且可能顺从他们的期望。因此，本研究推断各种类型的创业意愿均与主观规范紧密相关，并提出以下假设：

H1：主观规范与创业意愿呈正相关关系。

---

① LINÁN F. Does Social Capital Affect Entrepreneurial Intentions ［J］. International Advances in Economic Research，2007，13(4)：443-453.

H1a：主观规范与小型生活型创业意愿之间存在正相关关系。

H1b：主观规范与小型高收益型创业意愿之间存在正相关关系。

H1c：主观规范与高成长型创业意愿之间存在正相关关系。

感知行为控制是个人能够感知其控制创业过程中的行为和活动的程度。Ajzen（1991）认为，当个体对自身某项特定行为的执行能力，或拥有与此相关的资源和机会越多，则感知行为控制越强，执行该行为的意向也就越强。Fayolle（2006）等也发现，潜在创业者对于自身的创业能力评价越高，则他将来从事创业活动的可能性就越大。Wu（2008）等还证实了中国大学生感知行为控制对其创业意愿的影响。不过，Guerrero（2008）等通过对不同的大学生群体进行分析，得出了与之相反的结论，他们并没有发现感知行为控制与创业意愿存在显著关系。Zhang（2013）等的研究也否认了感知行为控制与创业意愿之间有显著的影响关系。Scherer（1989）等研究认为，自我效能高的个体不仅比常人更容易感知到机会的存在，自我雇用（Self-Employment）意愿也更加强烈。本研究认为，无论何种创业活动，其风险都高于同种类的就业，对创业者个人的综合能力要求也更高。因此，感知行为控制高的人识别微型企业创业机会的概率和产生创业意愿的可能性也会更高。基于此，本研究提出以下假设：

H2：感知行为控制与微型企业的创业意愿呈正相关关系。

H2a：感知行为控制与小微型生活型创业意愿之间存在正相关关系。

H2b：感知行为控制与小微型高收益型创业意愿之间存在正相关关系。

H2c：感知行为控制与高成长型创业意愿之间存在正相关关系。

态度是个人对某特定行为的概念化评价。Phan（2002）等认为，创业态度分为内生态度和外生态度。按照行为心理学的观点，态度是个体行为心理适应、调节的中心和枢纽，外部环境通过影响态度而对个人的行为反应发生作用。创业态度同时包含了个人对创业活动最终效能的评估和预期，是创业行为的直接驱动力，该驱动力的大小强弱将显著影响个人的创业意愿。Christian 和 Nikolaus（2003）以大学生群体为样本，发现创业态度在主观规范对创业意愿产生影响的过程中发挥着中介作用。熊景维（2013）等国内学者也得出了类似的结论，即创业态度在主观规范和感知行为控制对创业意愿产生作用的过程中扮演着中介作用。综合上述研究成果，本研究认为，在主观规范和感知行为控制影响创业意愿的过程中，创业态度发挥着中介作用，并提出如下假设：

H3：主观规范对创业意愿产生影响的过程中为创业态度所中介。

H3a：主观规范对小型生活型创业意愿产生影响的过程为创业态度所中介。

H3b：主观规范对小型高收益型创业意愿产生影响的过程为创业态度所中介。

H3c：主观规范对高成长型创业意愿产生影响的过程为创业态度所中介。

H4：感知行为控制对创业意愿产生影响的过程为创业态度所中介。

H4a：感知行为控制对小型生活型创业意愿产生影响的过程为创业态度所中介。

H4b：感知行为控制对小型高收益型创业意愿产生影响的过程为创业态度所中介。

H4c：感知行为控制对高成长型创业意愿产生影响的过程为创业态度所中介。

3.2.3　变量与测量

对于创业意愿，本研究主要参照 Davidsson（2005）的量表从以下 4 个方面进行了测量：（1）我将来会创办属于自己的事业；（2）如果有机会，并且可以自由做决定，我会选择创业；（3）我更倾向于创业，而不是单纯地获得一份稳定工作；（4）未来 5 年您创业的可能性。每一题项均采取 Likert 五点量表计分法。对于有创业意愿的受访者，本研究进一步要求其在小型生活型、小型高收益型和高成长型 3 类创业意愿中选择一种与其创业愿景最为相符的类型。为保证受访者对上述 3 类创业意愿有明确的认知，本研究在问卷当中对 3 类创业意愿做了详细说明。通过以上设计，创业意愿不再仅仅是"有或无"的概念，还有了更加细致的区分，体现出其"异质性"特征。

对于创业态度，在借鉴 Phan（2002）等创业态度量表的基础上，本研究从两个维度（内生态度和外生态度）、6 个方面进行测量：（1）创业可以给自己带来成就感；（2）创业可以检验自己的创业想法；（3）创业可以使自己获得资金和财富；（4）通过创业自己可以为社会做贡献；（5）创业可以帮助我实现自我价值；（6）创业成功，我可以得到社会认可。每一题项均采取 Likert 五点量表计分法。

对于主观规范的测量主要借鉴了 Krueger（2000）设计的量表，通过 3 个方面进行测量：（1）如果我要创业，我会参考父母的态度；（2）如果我要创业，我会参考亲戚的态度；（3）如果我要创业，我会参考好友的态度。每一题项均采取 Likert 五点量表计分法。

对于感知行为控制，本研究借鉴了 Ajzen（2002）的设计，测量题项包括：（1）我对自己处理问题的能力有信心；（2）我具备成功运营企业需要的技术和知识；（3）如果遇到好的创业想法，我知道如何获得创业所需的资源。每一题项均采取 Likert 五点量表计分法。

本研究选取的控制变量有性别、年龄、学历和工作经验，其中，性别和有无工作经验为虚拟变量。

3.2.4　样本的选择与数据搜集

本研究以大连、沈阳、锦州、深圳、上海、北京、重庆、武汉、郑州的在校大学生为调查对象，通过问卷调查搜集数据。调查过程中一共发放问卷 1 000 份，其中，180 份问卷通过与在校大学生面对面沟通获得；820 份问卷通过电子邮件获得。通过这两种渠道，一共回收问卷503 份，回收率为 50.3%；筛选有效问卷共 386 份，有效率为 76.74%，具体信息见表 3-1。

表 3-1　　　　　　　　　　样本基本信息（N=386）

类别	统计项	人数（I 类）	比重（I 类）	人数（II 类）	比重（II 类）	人数（III 类）	比重（III 类）
性别	男	46	0.362	63	0.450	66	0.555
	女	81	0.638	77	0.550	53	0.445
年龄	18~22 岁	54	0.425	63	0.450	59	0.496
	23~28 岁	73	0.575	75	0.536	60	0.504
	29 岁以上	0	0.000	2	0.014	0	0.000
学历	专科	9	0.070	1	0.007	4	0.034
	本科	73	0.570	70	0.500	67	0.563
	MBA	0	0.000	6	0.043	7	0.059
	硕士	45	0.352	58	0.414	41	0.345
	博士	0	0.000	5	0.036	0	0.000
	其他	1	0.008	0	0.000	0	0.000
工作经验	有	31	0.244	33	0.236	35	0.294
	无	96	0.756	107	0.764	84	0.706

注：其中 I 类为小型生活型创业意愿，II 类为小型高收益型创业意愿，III 类为高成长型创业意愿。

3.2.5　数据分析

本研究先对所有变量做了 Harman 单因素检验，以确定样本数据是否存在同源误差现象，经检验发现，在未旋转因素的情况下，一共提取出 6 个解释因子，其中最高的因子解释力仅为 38.22%，说明样本不存在共同方法偏差问题。

样本信度分析主要采用 SPSS20.0 统计分析工具进行测量，检验得出 Cronbach's α=0.892，样本内部一致性程度较好，而且样本 KMO 值为 0.881，适合进行因子分析。之后，我们利用 Lisrel8.70 统计分析工具进行了验证性因子分析（CFA），得出结果为 $\chi^2/df=1.907$、NFI=0.98、NNFI=0.99、CFI=0.99、AGFI=0.92、RMSEA=0.049，这意味着量表内部结构效度非常理想，而且样本各潜变量的 AVE 值均大于与其他潜变量的相关系数，说明量表的区别效度良好。

主观规范、感知行为控制与小型生活型创业意愿关系的验证结果见表 3-2。首先，我们建立模型 1 验证了各控制变量对小型生活型创业意愿的影响作用，验证结果表明，大学生的性别、年龄、学历以及有无工作经验对小型生活型创业意愿的作用并不突出。模型2和模型4分别分析了主观规范和感知行为控制两个变量对小型生活型创业意愿的作用程度。从模型2中可以看出，主观规范对小型生活型创业意愿的影响程度并不显著，假设H1a未得到验证。因此，模型3中主观规范对小型生活型创业意愿产生影响的过程为创业态度所中介的假设也无法得到验证，即假设H3a不成立。同样，在模型4中，感知行为控制对小型生活型创业意愿的促进作用也不显著，假设H2a未得到验证。在此前提下，模型5中感知行为控制对小型生活型创业意愿产生影响的过程为创业态度所中介不成立，假设H4a未得到验证。

表3-2 主观规范、感知行为控制与小型生活型创业意愿关系层级回归分析表

项目		小型生活型创业意愿				
		模型1	模型2	模型3	模型4	模型5
控制变量	性别	0.078	−0.011	−0.027	−0.022	−0.034
	年龄	0.043	0.034	0.033	0.012	0.014
	学历	−0.044	−0.104	−0.104	−0.051	−0.056
	工作经验	0.111	0.105	0.095	0.155	0.139
自变量	主观规范		0.460	—		
	感知行为控制				0.253	—
中介变量	创业态度			—		—
拟合指标	R^2	0.017	0.238	0.260	0.224	0.242
	调整后的 R^2	−0.015	0.207	0.223	0.192	0.204
	$\triangle R^2$	—	0.221	0.022	0.207	0.018
	F	2.553*	7.573***	7.021***	6.976***	6.372***

注：*、***分别表示在10%、1%水平上显著。

表3-3列示了主观规范、感知行为控制与小型高收益型创业意愿关系的验证结果。模型6验证了各控制变量对小型高收益型创业意愿的影响作用，结果显示只有大学生的年龄和学历对小型高收益型创业意愿的作用显著。模型7和模型8是在模型6的基础上分别加入主观规范和创业态度得到的。模型7的验证结果显示，主观规范对小型高收益型创业意愿呈正向促进作用（β_1=0.280，p<0.010），假设H1b得到验证。模型8的验证结果则表明，在加入创业态度这一中介变量后，创业态度与小

型高收益型创业意愿显著正相关（β=0.736，p<0.01），而且该情境下主观规范对小型高收益型创业意愿产生作用的路径系数下降了0.054（△β=β₁-β₂，β₂=0.226），这说明主观规范对小型高收益型创业意愿产生影响的过程为创业态度部分中介（p<0.01），假设H3b得到部分验证。模型9中，感知行为控制与小型高收益型创业意愿也存在显著正相关关系（β₃=0.489，p<0.01），假设H2b得到验证。加入创业态度变量后的模型10中，创业态度对小型高收益型创业意愿的作用呈显著正向促进作用（β=0.603，p<0.01），但此时感知行为控制的影响系数明显下降了0.208（△β=β₃-β₄，β₄=0.281），这意味着在感知行为控制对小型高收益型创业意愿产生影响的过程中创业态度发挥部分中介效应，假设H4b得到部分验证。虽然上述分析结果表明，大学生群体的主观规范和感知行为控制均与小型高收益型创业意愿存在正向促进关系，但我们利用结构方程模型（SEM）的标准化路径发现，感知行为控制对小型高收益型创业意愿的作用强度明显高于主观规范的作用强度（0.572>0.288）。

表3-3 主观规范、感知行为控制与小型高收益型创业意愿关系层级回归分析表

项目		小型高收益型创业意愿				
		模型6	模型7	模型8	模型9	模型10
控制变量	性别	0.161	0.087	0.022	0.231*	0.185
	年龄	0.131*	0.125*	0.091*	0.062	0.123
	学历	0.174*	−0.113	−0.112	−0.102	0.097*
	工作经验	0.119	0.060	0.027	0.173	0.375
自变量	主观规范		0.280***	0.226***		
	感知行为控制				0.489***	0.281***
中介变量	创业态度			0.736***		0.603***
标准化路径系数	主观规范→创业意愿		(0.288***)			
	感知行为控制→创业意愿		(0.572***)			
拟合指标	R²	0.073	0.158	0.505	0.331	0.519
	调整后的R²	0.046	0.127	0.483	0.306	0.4978
	△R²	—	0.085	0.353	0.258	0.188
	F	2.663*	5.041***	22.615***	13.255***	23.884***

注：*、**和***分别表示在10%、5%和1%水平上显著；括号内数据通过结构方程模型得到，模型拟合指标 $\chi^2/df=2.66$、NFI=0.937、IFI=0.960、CFI=0.959、RMSEA=0.059。

表3-4给出了主观规范、感知行为控制与高成长型创业意愿的研究结果。在验证各控制变量与高成长型创业意愿关系的模型11中，只有性别与其存在显著相关关系（$p < 0.10$）。在此基础上依次加入主观规范和创业态度得到模型12和模型13。模型12的验证结果同样证实了主观规范对高成长型创业意愿的正向促进作用（$\beta_1 = 0.511$，$p < 0.01$），假设H1c得到验证。在模型13中，我们加入创业态度这一中介变量，经验证发现，创业态度与高成长型创业意愿显著正相关（$\beta = 0.736$，$p < 0.01$），而且在纳入创业态度这一变量后，主观规范对高成长型创业意愿产生作用的路径系数明显下降了0.261（$\triangle \beta = \beta_1 - \beta_2$，$\beta_2 = 0.250$），这表明创业态度的部分中介作用得到证实（$p < 0.01$），即假设H3c得到部分验证。模型14的验证结果则证实了感知行为控制对高成长型创业意愿的正向促进作用（$\beta_3 = 0.462$，$p < 0.010$），假设H2c得到验证。模型15主要验证了创业态度的中介作用，在加入创业态度这一变量后，创业态度与高成长型创业意愿呈显著正相关关系（$\beta = 0.603$，$p < 0.01$），此时感知行为控制对高成长型创业意愿的影响系数明显下降了0.217（$\triangle \beta = \beta_3 - \beta_4$，$\beta_4 = 0.245$），这意味着在感知行为控制对高成长型创业意愿产生影响的过程中为创业态度部分中介，假设H4c得到部分验证。在主观规范和感知行为控制对高成长型创业意愿作用的过程中，主观规范的作用强度要高于感知行为控制的作用强度（0.432>0.360），这与小型高收益型创业意愿下的验证结果恰恰相反。

表3-4　主观规范、感知行为控制与高成长型创业意愿关系层级回归分析表

变量		高成长型创业意愿				
		模型11	模型12	模型13	模型14	模型15
控制变量	性别	0.307*	0.210	0.181	0.300*	0.2234
	年龄	−0.041	−0.024	−0.017	−0.037	−0.023
	学历	0.103	0.132	0.098	0.057	0.059
	工作经验	0.047	−0.031	−0.118	−0.074	−0.146
自变量	主观规范		0.511***	0.250***		
	感知行为控制				0.462***	0.245***
中介变量	创业态度			0.736***		0.603***

续表

变量		高成长型创业意愿				
		模型11	模型12	模型13	模型14	模型15
标准化路径系数	主观规范→创业意愿			(0.432***)		
	感知行为控制→创业意愿			(0.360***)		
拟合指标	R^2	0.031	0.282	0.418	0.273	0.429
	调整后的R^2	−0.003	0.250	0.387	0.241	0.398
	$\triangle R^2$	—	0.251	0.136	0.242	0.156
	F	2.911*	8.882***	13.429***	8.493***	14.011***

注：*、**和***分别表示在10%、5%和1%水平上显著；括号内数据通过结构方程模型得到，模型拟合指标 χ^2/df=2.04、NFI=0.955、IFI=0.977、CFI=0.976、RMSEA=0.059。

3.3 研究结论及启示

3.3.1 研究结论

1.创业意愿具有异质性并导致微型企业可能是一种长期存在

本书的研究结果显示微型企业创业者的创业意愿的确具有异质性，且计划行为理论（TPB）并不适用于所有创业类型。通过对表明创业意愿的微型企业者做进一步调查发现，潜在创业者头脑中的创业愿景的确存在差异，且对于小微型生活型、小微型高收益型和高成长型创业意愿的选择并没有体现出明显的偏好或倾向性。此外，本研究还发现计划行为理论并不适用于小微型生活型创业，但对小型高收益型创业和高成长型创业具有较强的解释力。对小微型生活型创业而言，大学生的性别、年龄、学历以及有无工作经验对该群体创业意愿的作用并不显著，且主观规范和感知行为控制对创业意愿的作用并不突出。这表明，对于小微型生活型创业活动的研究应该有针对性，甚至需要新的理论框架和模型来进行解析。尽管我国已在企业划型标准中单独增加了微型企业的类型，一些理论仍然表明微型企业不过是企业成长过程中的一个阶段而已，不用加以专门研究。然而，本研究显示，并非各行各业的企业者都有扩大自身企业的动机与期望，小微型生活型创业理念有可能转变成一种长期，甚至永久存在的企业经营方式，因此，并不能用现有的企业成长等理论对其进行解释，有必要对小微型生活型创业进行专门研究。

2.对于不同类型的创业意愿相关影响因素的影响效果存在差异

对小微型高收益型和高成长型创业而言，主观规范与感知行为控制对微型企业的创业意愿均存在不同程度的积极影响。具体来说，在小微型高收益企业，感知行为控制对微型企业创业意愿的作用程度明显优于主观规范的作用程度；在高成长型创业下则反之，主观规范的影响程度明显高于感知行为控制。通过访谈调查我们发现，高成长型创业者的成就欲望更强，中国传统文化和价值观的熏陶使他们对企业规模、名气这类外显性要素有强烈的追求，且与此类创业者关系非常亲密的群体，如父母亲友、老师乡邻的支持或反对的态度对创业者的行为和动机产生较大的影响。相比之下，小型高收益型创业者关系较为亲密的群体的态度对其产生影响相对较小，其创业意愿的形成更大程度上依赖于其自身能力的感知。根据上述研究结果，为了提高促进微型企业创业政策的形成，并提高相关培训的有效性，政府和高校应重点关注如何提高创业者的主观规范和感知行为控制，同时应注意对不同类型创业者的创业意愿进行合理区分并因材施教，给予不同的激励措施。

最后，本研究的实证结果表明，微型企业创业者的主观规范和感知行为控制通过创业态度影响创业意愿。主观规范、感知行为控制和创业态度3者之间并非如西方国家的创业模型一样处于并列关系，创业态度在主观规范、感知行为控制与创业意愿间发挥着中介作用。在不同的文化背景下，各种因素对微型企业创业意愿的影响路径和机理可能是不同的，未来仍有必要做进一步探讨。

3.3.2 研究启示

1.良好的外部创业氛围有利于促进创业意愿的形成

本研究发现，主观规范对于小型高收益型和高成长型创业意愿有显著影响。如前所述，主观规范是指个体在选择是否采取某项特定行为时所感受到的社会压力，它体现了对个人采取某项特定行为或行为决策具有严重影响力的个人或团体的限制。因此，要促进微型企业的发展，特别是高收益型和高成长型微型企业的发展，改善创业者所处的外部环境是促进这类创业者产生创业意愿，进而实施创业的重要手段。良好创业氛围的形成并非易事，这其中，政府部门需要在宣传导向上发挥重要作用，同时，以高校为代表的各级学校组织也需要在教育教学环节引导创业意识的产生。

2.完善创业支持体系可以提高创业者的创业信心

创业者创业意愿的产生不仅要受创业氛围的影响，也受个人感知行为控制能力的影响，因此要激发微型企业创业者的创业热情，还需要考虑优化创业条件以提高他们的控制信念。调查发现，现在大学生面临的创业难题主要体现在资金匮乏、辅助创业的教育培训课程较少和扶持政策下达传播渠道较少。为此，我们提出如下建议：（1）政府有关部门通过完善金融服务，比如降低银行贷款利息率、建立信用担保制度、拓展融资渠道、设立创业基金等，为大学生创业解决筹资难的问题，使他们获得创业所需要的资金；（2）政府相关部门可以通过公交地铁广告、报纸、互联网等多种方式广泛宣传创业相关扶持政策和典型案例，让更多的人知道创业政策，改变对创业的传统狭隘的看法，加强大学生对创业的关注度；（3）通过大力发展创业教育和培训，比如加大对创业教育培训机构的财政拨款、聘请创业领域的专家或成功创业者开设各类型讲座等，使大学生能够学习到全面、系统的创业知识和经验，通过创业设计模拟比赛获得成就感，提高创业能力；（4）政府有关部门还可以开设免费的创业培训课程，设立创业基金，资助创业相关的项目，耐心解答不符合申请要求的大学生创业者的疑问，这样可以增强大学生的创业自信心。

3.创业培训与咨询需要针对不同类型的创业意愿和创业动机区别设计

本项目的研究表明，创业者的创业意愿是存在差别的，这一差别不仅会在很大程度上影响他们未来的创业项目选择以及创业项目的发展路径，同时也会对创业培训和创业咨询等服务内容提出差异化的要求。这就需要相关的服务提供机构能够针对不同需要提供更具针对性的服务设计。高成长型企业的特殊运作、市场激烈竞争的内容创新需求与在相对稳定环境中的小企业的需求有很大差异，需要让想创建高成长型企业的大学生了解高成长型企业的相关知识，同时还可以让想创建小型生活型企业的大学生了解高成长型企业的相关知识，以便做出正确判断。这样一来，创业培训和创业咨询就能得到很好的落实。

此外，微型企业创业者选择创业行为的动机也存在差异，因此，需要从内在动机入手对其进行创业教育，不断培养其独立自主、勇于挑战的精神和个人成就、自我实现的价值观。这些内在的创业动机可以在创业教育实践平台和创业孵化基地中培养和实现。通过解决具体问题的形式能提高大学生的独立精神，并在解决问题的过程中享受实现自我价值的乐趣；通过具体案例能锻炼创业者的挑战竞争精神，使其不断树立成就感。在进行创业教育时，由于课时数和资源有限，我们可以有针对性地对不同类型的创业群体提供不同的创业教育。

4 微型企业创业者社会网络对创业机会 识别的影响及机理

　　根据以往有关微型企业创业者的研究结论，这类创业者的特殊之处在于：他们通常只受过很少的（甚至没有受过）正规教育，素质不高、能力不足，总体上拥有的人力资本较低，这也导致其在创业活动中相对处于劣势地位。微型企业大多为家庭所有、小规模运营、依赖本地资源、采用低水平的技术，与精英阶层通过高新技术变革或通过整合大量社会资源，特别是通过寻求风险投资机构融资建立和重组大中型企业组织的方式有显著的不同。虽然，微型企业创业者的创业活动并不如精英阶层那样光鲜夺目，但他们创建的微型企业却是社会经济生活中不可或缺的重要组成部分，这类企业通过创造就业机会、增加收入、提升购买力水平、降低成本和提供商业便利等途径，在促进社会经济发展方面发挥了重要作用。[①]因此，一直以来，促进微型企业发展都是发展中国家促进经济发展和解决就业问题的重要战略。在中国，随着总体经济发展

---

　　① MUNOZ，J M. Contemporary Microentreprise Concepts and Cases ［M］．Massachusetts: Edward Elgar Publishing Limited，2010：102-105.

速度放缓以及就业压力逐年加大，鼓励发展微型企业的战略意义也就越来越突显。

　　然而，由于在很多行业中在位企业早已完成"排兵布阵"，现实中留给创业者的市场机会并不多，因此，如何发现创业机会是目前微型企业创业者普遍面临的现实难题，也是制约微型企业创业的重要因素。以往的研究显示，创业机会识别会受到内外部多种因素的影响。在内部，创业者自身的性格和心理特质及所拥有的人力资本和社会资本等是重要的影响因素；在外部，政府政策和创业教育等则是重要的影响因素。鉴于微型企业创业者的人力资本水平较低，我们推断社会资本在其创业机会识别中具有重要作用。在创业领域，学者们对于社会资本与机会识别的关系已经做了较多研究，但专门针对微型企业创业者的研究目前还十分有限，对其内在的影响路径和机理研究就更为匮乏。针对上述情况，本研究将研究对象定位于微型企业创业者，探讨微型企业创业者的社会网络与创业机会识别的关系，并以创业警觉性为中介变量探究其影响路径。在实践层面，本研究为促进微型企业创业活动提供了理论参考；在理论层面，也拓展和丰富了有关微型企业创业的研究。

4.1　核心概念与相关研究综述

4.1.1　有关创业机会识别的研究

1.创业机会识别的概念界定

　　作为创业过程的起点，创业机会识别的研究已然成为国内外学者关注的重点。

　　早期的奥地利学派代表人物 Schumpeter（1934）认为机会识别是产品选择、供给选择、生产方式、组织方式和市场选择等要素的总和函数[①]。Kirzner（1979）认为机会不是人们创造出来的，而是本身就存在于复杂的市场环境中，人们通过各种途径获取隐含在市场中的商业信息

---

　　① SCHUMPETER, J A. The theory of economic development: An inquiry into profits, capital credit, interest, and the business cycle [M]. Cambridge: Harvard University Press. 1934.

和资源，并将内在信息外在化，进而转化成一种切实可行的创业机会。Kaish 和 Gilad（1991）认为由于市场不完善导致了创业者的信息不对称，这种信息异质性最终创造了创业机会。

过程论的研究学者更注重对机会识别途径、阶段和效果的研究，认为机会识别是从发现、选择到评价的一个多阶段的复杂过程。Hills（1995）认为机会识别是一个过程，创业者首先感知到潜在的市场需求，通过各种渠道获取与市场需求相匹配的特殊资源，在此基础上创造出新业务。Lumpkin、Hills 和 Singh（1997）认为准备、设想、观察、评价和经营构成了机会识别的 5 个步骤。Craig 和 Lindsay（2001）在其文章中提到机会形成包括机会搜索、机会识别和机会评价 3 个过程，其中机会识别是机会搜索和机会评价的桥梁。Lumpkin（2005）将机会形成分为机会发现和机会识别两个主要阶段，他认为创业机会识别就是发觉一种具有潜在增值价值的商业信息，而这种商业信息能够用于创造新业务。

认知观的研究学者主要针对机会识别的内容进行分析。Baron（2003，2004）作为认知学派的代表，认为机会识别就是创业者处于不断变化的市场环境中，对潜在的商业机会存在与否的一种心理感知。Bygrave 和 Hofer（1991）将机会识别理解为感觉到一个能够创造出创新性或增殖性产品或服务的商业机会的过程。Kourilsky（1995）将机会识别看作创业者对一个新业务是否可行、是否盈利的感知。Timmons（1999）认为机会感知作为创业行为的开端，是创业者察觉到商业机会的过程。谢赓华（2010）认为机会识别是创业者发现和识别商业信息的过程。

结合以往学者的观点，本研究认为创业机会识别是创业者发现并识别出隐含在市场中的有限的商业信息和资源支持的过程。

2.创业机会识别的维度

研究者们在对创业机会识别的概念进行研究的同时，对创业机会识别的维度也展开了多角度的深入探究。大多数学者根据创业机会识别的内容选取机会识别的维度，见表4-1。

表 4-1 创业机会识别的维度

角度	学者	维度
创业机会识别的内容	Kirzner，1979	新颖性、潜在价值、可取性
	Bhave，1979	新颖性、实践性、独立性、可取性
	Medin，1989	新颖性、奇特性、知觉可取性、潜在的经济价值
	Timmons，2000	新颖性、持续性、潜在性、实践性、可取性、独立性
	Gaglio、Katz，2001	可取性、持续性
	Lumpkin，2001	持续性
	Ardichivili，2003	实践性、可取性、持续性
	Baron，2003	新颖性、可行性、奇特性、独立性
	苗青，2006	可行性识别、盈利性识别
	黄金睿，2010	可行性识别、盈利性识别
	徐亚平，2011	可行性识别、盈利性识别

资料来源：作者根据相关文献整理。

在上述研究中，国内学者苗青（2006）从创业机会识别的内容角度出发，提出了机会识别的二阶六因素模型，即创业机会的可行性识别和盈利性识别，前者是指实现盈利的可行性和把握度，主要包括创业机会的实践性、独立性和可取性等具体方面；后者是指创业机会所带来的盈利能力和发展潜力，主要包括创业机会的新颖性、潜在价值和持续性。创业机会的可行性是创业机会被有效利用的必要条件，不具备可行性的创业机会是不能被创业者所采用的。创业机会的盈利性代表着创业机会能否为创业者带来经济或其他方面的收益，是创业者开发并利用创业机会的主要驱动力，对于以盈利为目的的创业者来说，不具备盈利性的创业机会是很难被采纳的。对于微型企业而言，可行性和盈利性更是创业者最为关注的两点。为此，本研究选取了创业机会的可行性和盈利性作为衡量机会识别结果的主要维度，展开相关研究。

4.1.2　有关社会网络的研究

关于社会网络的具体解释，不同学者的理解不尽相同。Wellman（1988）在其研究中指出，社会个体成员通过互动联系而形成的统一闭合的社会联系体系，构成了个体网络的社会结构，也就是说社会网络实质上就是一系列联结行动者的外部关系总和。Bhagavatula（2009）认为社会网络与社会资本基本相同，其对社会发展、资源共享和组织利润等都有影响。张方华（2006）的研究表明，社会网络是以个体间互相信任、互相依赖为根本而建立起来的负责的联系结构，其中，组织关系的数量和质量均与网络结构相关，而且网络结构影响组织获取外部资源的数量和质量。

1973年，Granovetter在《美国社会学杂志》上首次提出了弱联系理论，他认为社会关系有强弱之分，强联系主要指家人、亲戚和朋友间的联系，他们凭借得天独厚的血缘、族缘、趣缘关系进行频繁沟通和交流，彼此充满强烈的信任和支持；弱联系则往往是通过工作、学习或合作而产生的联系；强、弱联系在社会网络中具有不同的作用。Coleman（1990）认为强联系网络成员在相互信任和共同理解的基础上更容易传递或获取有限的信息和资源，并且能够保证信息传输的准确性和有效性。Uzzi（1996，1997）指出在强联系网络成员之间由于存在一定的情感和信任基础，彼此之间才愿意互相提供"人情"的帮助，这种情况下交换的信息才有可能是长期的、高频率的。国内学者边燕杰（2000）提出了适应我国特殊经济环境的"强联系"理论，他认为在中国的关系社会下，具有信任基础的强联系在社会网络中起主导作用。

Granovetter（1973）提出弱联系是指不同群体中个体之间的联系，由于这种联系来自不同的群体，因此彼此之间的见面和交流都相对较少，但是却能够跨越群体界限传递各自群体所特有的有限信息与资源，是个体获取自身社会网络之外的信息与资源的主要途径。Ozgen（2003）认为弱联系网络成员之间的关系更多的是建立在工作、学习或者相互合作的过程之中，人与人的关系往往是随意的、非固定的。弱联系虽然不如强联系稳固、紧密，但是它却可以跨越小集群与其他群体、组织联系在一起，从而为网络成员提供更广泛的沟通渠道。相对于强联系仅限于在一个群体内部的关系，弱联系更主要的作用是跨越其群体界限去获得外部的信息和其他资源，增加群体与群体之间的交流，有助于个体了解所处群体之外的重要信息，获取所需的稀有资源。

通过归纳和分析以往学者们的研究成果，我们认为个体的社会资本是一种嵌入到社会网络的资源，因此在对创业者的社会资本进行分析时，有必要从社会网络角度探究社会资本对机会识别能力的影响。Granovetter 提出的弱联系理论是目前最具代表性的社会网络理论，因此，本研究考虑将社会网络分为强联系和弱联系两个维度。

4.1.3 有关创业警觉性的研究

1973 年，Kirzner 首次提出创业警觉性这一概念时，他将创业警觉性视为创业者本身所特有的一种持续关注的能力，创业者利用这种能力识别那些尚未被发现的机会。1979 年，Kirzner 修订了创业警觉性的定义，认为其是一种发现未被别人关注的市场机会的能力。1985 年，Kirzner 再一次扩大了创业警觉性的内涵，认为广义的创业警觉性能够激发人们大胆构想未来。

在 Kirzner 之后，创业警觉性日益引发学者们的关注并进一步发展其定义。Kaish 和 Gilad（1991）认为创业警觉性就是创业者将自身置于信息流中并保持高度的警惕性以期提高识别创业机会的概率。国内学者苗青（2006）认为创业警觉性是创业者所具备的对信息保持高度敏感性的心智模式和心理图式，这种心智模式能够指导人们进行信息加工和事物推理[①]。徐凤增（2008）将创业警觉性定义为一种对尚未被发掘的市场机会的持续关注能力，这种关注能力能够使创业者对复杂环境中的潜在信息保持一定的敏感性。高明明（2012）认为警觉性是创业者对信息的敏感性把握，这种敏感性有利于创业者及时准确地

---

① 苗青. 基于规则聚焦的公司创业机会识别与决策机制研究 [D]. 杭州：浙江大学博士论文，2006.

觉察到市场中他人难以获得的商业机会。通过分析总结以往学者对创业警觉性的研究，我们认为创业警觉性是个体对潜在商业信息的认知和敏感。

随着有关创业警觉性研究的不断深入，学者们也对创业警觉性的前因和结果变量进行了探讨。Kirzner（1973）首次从个体因素的角度诠释了机会识别问题，并提出了识别创业机会是个体创业警觉作用的结果，即个体对未被别人发掘的信息或资源以及市场需求的敏感性。Stevenson（1985）提出创业活动是一个过程，并在此基础上用创业者的警觉性来诠释其机会感知力，机会感知力越强，创业者越容易察觉出那些具有潜在商业价值的创业机会。Gaglio 和 Taub（1992）认为创业警觉性对个体识别创业机会非常重要，只有创业者的创业警觉性达到了一定程度，才更有可能洞察到那些他人难以察觉的创业机会并成功地加以利用。Markman、Baron 和 Balkin（2000）从缺失创业警觉性的角度来分析两者的关系，他们认为警觉性并不一定能够让创业者识别创业机会，但是如果缺乏创业警觉性会影响创业者的思维模式，无法准确地发现和识别潜在的创业机会，从而产生无意义的决策。Ardichvili 等（2003）从企业家的角度分析了机会识别能力的影响因素，他构建的机会识别模型显示企业家的个人爱好、市场知识和社会网络都对识别创业机会有积极影响。苗青（2006）采用实证分析的方法证实了创业警觉性对创业机会的盈利性识别有正向影响。徐凤增（2008）和徐亚平（2011）也都分别证实了创业警觉性对机会识别有积极影响。高明明（2012）在其文章中指出创业者的个人特质和社会网络等都是影响创业警觉性的前因变量。

根据上文分析可以看出，个体的社会网络有助于提高其自身的创业警觉性，而较高水平的创业警觉性又会提高其创业机会识别能力，因此，我们推测创业警觉性在社会网络与创业机会识别之间的关系中具有中介作用。

4.2 研究设计

4.2.1 研究模型框架

根据上文对创业者的社会网络、创业警觉性和创业机会识别关系的分析，本书提出的研究模型包含社会资本、创业警觉性和创业机会识别3个变量，其中社会网络包括强联系和弱联系两个维度；创业机会识别包括可行性识别和盈利性识别两个维度。本研究的理论框架如图4-1所示。

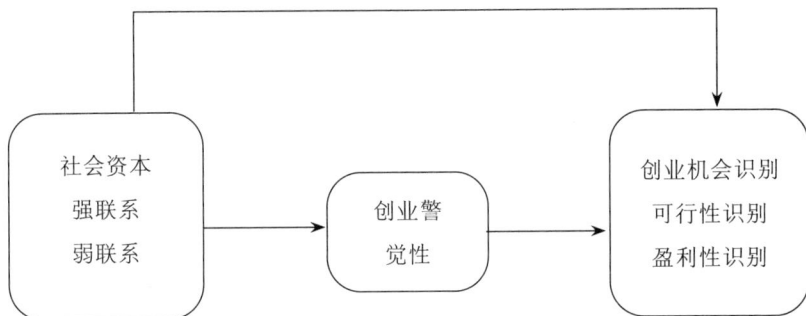

图4-1 研究模型框架

4.2.2 研究假设

1.社会网络与创业机会识别

Kirzner（1997）认为创业机会是一种没有被完全透明化的市场需求，或者是未发觉或正在被较少人利用的信息和资源。由于市场不完善导致了创业者的信息不对称，这种信息异质性最终创造了创业机会。机会识别就是创业者处于不断变化的市场环境中，对潜在的商业机会存在与否的一种心理感知。Christensen 和 Peterson（1990）在其研究中指出：创业者的社会网络有助于其获取潜在的市场信息和资源，进而激发创业者的创业想法，发现并识别创业机会。Nahapiet 等（1998）的研究也显示，在社会网络中，成员为实现其期望的目标，往往通过信任与互动交换等手段获取社会网络中的信息与资源支持。不过，由于网络成员在社会网络中的联系方式不同，他们所获取的资源和信息也不同，进而对创业机会识别的影响也会有所差异。在 Ozgen（2009）看来，由于强关系一般建立在社会经济特征相近或相似的个体或组织之间，群体成员间相似度较高，从而导致信息和资源的异质性程度较低；而具有弱关系的个体或组织之间的经济社会特征差异通常较大，且建立关系的个体分布范围比较广，因而更容易获得丰富多样的信息。不过，Coleman（1994）认为强联系网络成员在相互信任和共同理解的基础上更容易传递或获取有限的信息和资源，并且能够保证信息传输的准确性和有效性。Uzzi（1997）也指出在强联系网络成员之间，由于存在一定的情感和信任基础，彼此之间才愿意提供"人情"的帮助，这种情况下交换的信息才有可能是长期的、高频率的。边燕杰等（2000）国内学者的研究显示：在中国的关系社会下，弱联系的作用并不突出，具有信任基础的强联系在社会网络中起主导作用。本研究认为，无论强弱联系均能促进机会识别，但对微型企业创业者而言，由于其强联系群体所能提供的资源和信息通常十分有限，因此，弱联系对其机会识别的影响可能高于强联系，据此提出如下假设：

H1a：微型企业创业者的强联系社会网络对其识别创业机会具有正向促进作用。

H1b：微型企业创业者的弱联系社会网络对其识别创业机会具有正向促进作用。

H1c：强、弱联系的社会网络对创业者识别创业机会的影响存在差异，且弱联系对识别创业机会的影响更大。

2.社会网络与创业警觉性

创业警觉性是研究创业者心理活动的一个重要切入点，被西方学者看作区分创业者和管理者的重要标志。Kirzner（1997）最早对创业警觉性做了概念界定，之后又进行了完善，他认为创业警觉性是一种能力，即注意到迄今为止尚未被发掘的市场机会和激发人们大胆设想未来商业可能性的倾向性；Kaish 和 Gilad（2003）认为创业警觉性的实质是一个"关注，不搜寻"的过程，只有在增强了信息警觉性之后，才能发生创业者对机会的认知。此外，还有一些学者从认知心理的角度对创业警觉性做了研究。Katz 和 Gaglio（2001）认为创业警觉性是一种慢性心理图式，拥有这种图式的创业者有着一种对市场不均衡的高度敏感性，它可以促进机会识别过程的一系列感知和信息处理过程，并根据与现有图式不匹配的信息调整已有图式。可以发现，学者们对创业警觉性的界定是不断深入和完善的，但基本上都认同"创业警觉性是个体对潜在商业信息的敏感度和认知能力"。对于创业警觉性的影响因素，Ardichvili 等（2003）构建的机会识别模型显示：创业者的个人爱好、市场知识和社会网络都对识别创业机会有积极影响。此外，他还指出有创业经历的创业者的创业警觉性更高，原因在于创业者亲身体验过发觉和识别机会的整个过程，对潜在的商业信息有很高的敏感度，从而能够及时准确地发现机会中的隐性信息，并成功地加以利用。高明明（2012）在其文章中指出创业者的个人特质和社会网络等都是影响创业警觉性的前因变量。本研究认为，微型企业创业者凭借社会网络节点之间的强、弱联系搜寻信息以及识别资源的过程，本质上就是创业者将自身置于资源和信息流中以提高警觉性，进而增加遇到市场机会的概率的过程。此外，微型企业创业者在与社会网络中不同节点成员进行沟通和交流时，还会不断拓展其社会网络的边界，形成一种正反馈机制，使其获得更多资源和信息，从而进一步提高其对商业信息的敏感度和认知能力。基于此，我们提出以下假设：

H2a：微型企业创业者的强联系社会网络对创业警觉性具有正向促进作用。

H2b：微型企业创业者的弱联系社会网络对创业警觉性具有正向促进作用。

3.创业警觉性的中介作用

以往的诸多研究表明，创业警觉性是影响机会识别的关键因素之一。Kirzner（1997）认为，只有具备警觉性的创业者才能识别机会并利用机会获得利润。国内学者魏喜武、陈德棉（2011）也提出，创业警觉性和创业机会的相互匹配是整个创业机会发现过程的重要一环。符惠明（2010）的研究还发现，创业警觉性中的探求挖掘、重构框架维度对创业机会的潜在价值起到显著的正向预测作用，从而有助于创业者理性识别创业机会。张秀娥等（2013）将创业机会识别分为两个子维度——盈利性和可行性，并通过回归分析发现，创业警觉性对创业机会识别的两个子维度均起到了显著的正向促进作用。苗青（2006）对创业警觉性和机会识别的关系进行了实证分析，分析结果表明创业警觉性与创业机会的盈利性识别呈正相关关系。Tang等（2012）分析了先前经验、创业警觉性与机会识别的关系，发现创业警觉性在一定程度上对先前经验与机会识别的关系起中介作用。Ardichvili等（2003）构建了有关创业机会识别和开发的模型，他们把创业者的性格特质、先前知识和社会关系作为创业警觉性的前因变量，提出创业者的创业警觉性与创业者本身的个人特质和社会关系相关，有较高知识水平和丰富社会关系的创业者对潜在的机会信息的警觉性更高，从而更容易识别出新的创业机会。对于微型企业创业者而言，虽然个体的人力资本水平相对较低，导致其在机会发现方面存在不足，但社会网络有助于其提高自身的创业警觉性，较高水平的创业警觉性又会提高其创业机会的识别能力。因此我们推测，微型企业创业者的创业警觉性在其社会网络影响创业机会识别的过程中发挥着中介作用，并提出如下假设：

H3a：微型企业创业者的强联系社会网络对创业机会识别产生作用的过程，被创业警觉性所中介。

H3b：微型企业创业者的弱联系社会网络对创业机会识别产生作用的过程，被创业警觉性所中介。

4.3 数据与变量测量

4.3.1 样本选择与数据搜集

本研究的调查和访谈地区包括大连、沈阳、深圳、上海、北京、郑州、重庆、武汉，调查过程中共发放问卷 500 份：一方面通过实地走访，与微型企业的创业者沟通交流进行调查；另一方面通过电子邮件进行网络问卷调查。通过这两种渠道，回收问卷 224 份，回收率为 44.8%。我们剔除填写缺项和回答不符合要求的问卷，最终有效问卷为 155 份，有效率为69.2%。通过对数据进行描述性统计分析，得出样本特征的分布情况，具体见表4-2。

表4-2 样本基本信息

创业者特征	分类标准	有效样本（人）	有效样本比重
性别	男	104	0.671
	女	51	0.329
年龄	30岁以下	44	0.284
	30~39岁	62	0.400
	40~49岁	36	0.233
	50~59岁	12	0.077
	60岁以上	1	0.006
学历	小学及以下	3	0.019
	初中	19	0.123
	高中（中专）	40	0.258
	大学（本专科）	81	0.523
	硕士及以上	12	0.077
行业	批发零售业	50	0.323
	居民服务业	18	0.116
	住宿餐饮业	9	0.058
	加工制造业	19	0.123
	其他	59	0.380

由于数据主要通过调查问卷获得，因此，在进行具体分析之前需要检验是否存在共同方法偏差（CMB）的问题。为此，我们通过 Harman 单因素检验的方法进行了分析，结果显示析出的5个公共因子累计解释力度达72%，可以判定不存在严重的共同方法偏差（CMB）的问题。

4.3.2 变量与测量

1.创业警觉性

本研究选取了 Ko 和 Butler（2003）的量表来测量创业警觉性，并结合研究需要对量表做了适当的删减，修改后的量表包括3个题项：在日常生活和工作中，我总在琢磨新的商业构想；我始终保持对信息的关注，以期从中受到启发；我对新的业务设想，总有一种特殊的敏感性。每一题项均采用5点Likert量表。

2.社会网络

本研究通过创业者社会网络结构中的强、弱联系来测量创业者的社会网络属性。虽然Granovette（1973）最先提出弱联系假设，但他并没有给出具体测量强、弱联系的方法，相关量表是其他学者后续开发和完善的。我们借鉴BarNir和Smith（2002）等学者的研究成果，通过7个问项测量社会网络：我拥有很多来往频繁的家人、亲戚和朋友；我和绝大部分家人、亲戚、朋友相互信任；我可以得到家人、亲戚和朋友的很多支持；我有很多可以交往的政府人员；我有很多可以交往的顾客、供应商和零售商；我有很多可以交往的金融机构人员；我有很多可以交往的其他企业和商业团体人员。每一条目均采用5点Likert量表。

3.创业机会识别

对于创业机会识别，Hills等（1997）在研究中采用"创业者在过去3年里识别出的机会数量以及成功率"来测量。但目前大多还是采用机会可行性和机会盈利性两个维度测量。对于这两个维度的测量，较有代表性的是Baron（2004）开发的可行性量表及Singh和Lumpkin（1999）开发的创业机会盈利性量表。借鉴上述研究成果，同时结合微型企业创业者创业活动的实际情况，我们也从创业机会可行性识别和创业机会盈利性识别两个维度加以测量。其中创业机会的可行性识别具体包括实践性、独立性和可取性3个方面；盈利性识别包括新颖性、潜在价值和持续性3个方面。

4.控制变量

本研究采取的控制变量主要有性别、年龄、学历、行业，其中，性别设置为哑变量。

4.3.3　数据分析与结果

1.信度与效度

通过Lisrel 8.70软件分析得出模型的拟合指数如下：$\chi^2/df=1.250$；NFI=0.970；CFI=0.990；IFI=0.990；RMSEA=0.041，这意味着模型具有

良好的拟合效度。对于样本信度分析主要采用SPSS20.0统计分析工具进行测量，检验得出Cronbach's α=0.876，通过计算CITC发现各操作变量的CTIC值均大于0.500，并且删除题项后的α值均小于Cronbach's α的值，因此各条目均是有效且应当保留的，而且各条目的组合信度均高于0.700，表明样本内部一致性程度较好。

2.数据分析

本研究采用层级回归模型来验证微型企业创业者的社会网络对识别创业机会的影响，以及创业者警觉性在整个过程中发挥的中介效应；验证强、弱联系对识别创业机会的不同影响，主要采取了结构方程模型的检验方法。各研究变量的均值、标准差和相关系数见表4-3，对于不同变量间关系的证明在表4-4、表4-5中给出。

表4-3　　　　　　　　　　均值、标准差和相关系数

变量	均值	标准差	1	2	3	4	5	6	7	8
性别	0.671	0.471	1							
年龄	2.123	0.935	-0.011	1						
学历	3.516	0.878	0.084	-0.441***	1					
行业	6.439	2.648	-0.024	-0.219***	0.195**	1				
强网络	0.000	0.874	0.069	0.080	-0.034	-0.068	1			
弱网络	0.000	0.682	0.091	0.117	0.036	-0.116	0.657***	1		
警觉性	3.061	1.179	0.021	0.085	0.072	-0.204**	0.516***	0.436***	1	
可行性	3.318	0.997	0.050	0.045	-0.051	-0.162**	0.520***	0.453***	0.591***	1
盈利性	2.820	1.076	0.011	0.005	-0.005	-0.192**	0.628***	0.566***	0.616***	0.642***

注：**和***分别表示在5%和1%水平上显著。

在探究微型企业创业者社会网络如何影响创业机会识别的过程中（表4-4），我们在模型1的基础上依次加入了强联系、弱联系和创业警觉性的相关变量，分别得到模型2至模型5。模型1主要验证了控制变量和识别创业机会的关系，结果表明微型企业创业者创业的行业领域对识别创业机会具有显著影响（p<0.05）。模型2是在模型1（控制变量）的基础上加入强联系这一变量得到的，结果表明强联系的社会网络对识别创业机会起到了显著的正向促进作用（β=0.668，p<0.01），假设H1a得到验证。模型4的验证结果则证实了微型企业创业者的弱联系社会网

络与创业机会识别的显著正相关关系（β=0.826，p<0.01），假设H1b得到验证。我们利用结构方程模型进一步验证了强、弱联系的社会网络对创业机会识别影响的差异性，在对二者作用路径标准化后，结果表明弱联系对创业机会识别的作用强度高于强联系的作用程度（0.430>0.290），假设H1c得到验证。

表4-4　微型企业创业者的警觉性的中介效应、强弱联系影响差异性分析

项目		创业机会识别				
		模型1	模型2	模型3	模型4	模型5
控制变量	性别	0.116	−0.002	0.090	−0.052	0.059
	年龄	−0.017	−0.061	−0.101	−0.105	−0.133**
	学历	−0.004	−0.005	−0.098	−0.075	−0.146**
	行业	−0.075**	−0.063**	−0.028	−0.053**	−0.019
自变量	强联系社会网络		0.668***	0.384***		
	弱联系社会网络				0.826***	0.499***
中介变量	创业警觉性			0.422***		0.446***
标准化路径系数	强联系→创业机会识别	0.290**				
	弱联系→创业机会识别	0.430***				
拟合指标	R^2	0.042	0.376	0.547	0.341	0.556
	调整后的 R^2	0.016	0.355	0.529	0.319	0.538
	$\triangle R^2$	—	0.334	0.171	0.299	0.215
	F	1.623	17.971***	29.788***	15.444***	30.825***

注：**和***分别表示在5%和1%水平上显著。

表4-5中模型6的验证结果表明微型企业创业者所处的行业领域对警觉性有显著影响（p<0.01），模型7的验证结果证实了强联系社会网络对警觉性的正向促进作用显著（β=0.674，p<0.01），假设H2a得到验证。在此前提下，我们结合表4-4中模型2、模型3的结果可以进一步发现，强联系社会网络对创业机会识别产生作用的能力系数由0.668降低为0.384，最终结果表明微型企业创业者的警觉性在强联系社会网络对创业机会识别产生影响的过程中起到了部分中介作用，假设H3a得到部分验证。利用同样的逻辑可以分析出弱联系社会网络对创业机会的识

别产生影响的过程中创业者的警觉性发挥着部分中介作用。表4-5中模型8的验证结果表明了弱联系社会网络对创业警觉性的正向促进作用也非常显著（β=0.728，p<0.01），假设H2b得到验证。在该验证结论成立的基础上，我们比较表4-4中模型4、模型5的结果可以发现，弱联系社会网络对识别创业机会的能力系数由0.826降低为0.499，最终可以说明微型企业创业者的警觉性在弱联系社会网络对创业机会的识别产生影响的过程中起到了部分中介作用，假设H3b得到部分验证。

表4-5 微型企业创业者强、弱联系社会网络与警觉性关系的回归分析表

项目		创业警觉性		
		模型6	模型7	模型8
控制变量	性别	−0.099	−0.218	−0.247
	年龄	0.139	0.095	0.063
	学历	0.222*	0.221**	0.159
	行业	−0.095***	−0.083***	−0.075**
自变量	强联系社会网络		0.674***	
	弱联系社会网络			0.728***
拟合指标	R^2	0.066	0.311	0.234
	调整后的R^2	0.041	0.286	0.208
	$\triangle R^2$	—	0.245	0.168
	F	2.641**	13.428***	9.083***

注：*、**和***分别表示在10%、5%和1%水平上显著。

4.4　研究结论及启示

4.4.1　研究结论

1.微型企业创业者的社会网络对创业机会识别有显著促进作用

本书的研究结果表明，无论是强联系的社会网络还是弱联系的社会网络，都对创业机会识别具有促进作用。微型企业创业者对社会网络的构造及对依附于网络中的资源和信息的利用，均有助于其洞察商业机会的价值，判断机会的可操作性，从而比他人更早地识别创业机会。通过

对农民返乡创业的调查和访谈，我们发现很多成功创业的返乡农民，基本上都利用了他们在外地打工期间构建的社会网络，并从中获得了包括资金、信息、渠道和合作伙伴等多方面的资源。虽然这些返乡农民的创业活动大多以模仿为主，但通过将新产品、新服务或新商业模式从一、二线城市向欠发达地区移植和扩散，不仅较好地满足了当地需求，也取得了良好的经济效益。此外，我们还发现，目前返乡创业不仅体现在农民工身上，有意创业的大中专毕业生也越来越多地选择回家乡创业。背后的重要原因就是其可以充分利用打工地或求学地与家乡两方面的社会网络资源。可见，对于众多的微型企业创业者而言，要想成功创业，必须有意识地"编织"自身的社会关系网络，积极利用和调动这些关系网络，充分获取依附于其中的资源和信息。

2.微型企业创业者的创业警觉性部分中介了社会网络对创业机会识别的作用

本书的研究结果显示：创业警觉性作为个体的认知因素，很好地解释了创业者社会网络影响机会识别的内在机理。社会网络虽然为微型企业创业者提供了获得资源与信息的可能性，但能否将这些信息转化成兼具可行性与盈利性的创业机会，还依赖于创业者自身的创业警觉性。以往研究表明，创业警觉性作为一种独特能力，虽然与个体的智商等特质因素相关，但是仍然可以通过后天的培训与实践来获得和提升。因此，一方面，微型企业创业者本人可以通过学习相关理论、关注市场信息、总结自身与他人经验以及和同行、成功创业者交流等方式来提高自身的创业警觉性；另一方面，政府和相关教育机构等部门也应积极开展相关的培训活动，促进微型企业创业者提高创业警觉性。

3.弱联系社会网络对创业机会识别的作用强度高于强联系的社会网络

关于强、弱联系对个人获得信息和资源支持的影响，学者们持有不同的意见，许多学者的研究都发现弱联系的作用并不突出。不过，本书的研究结果再次证明弱联系对创业机会识别的影响要强于强联系。其背后的原因，除前面提到的"弱联系可以提供更多异质性的资源和信息"外，还在于微型企业创业者的一些独特特征。通过访谈我们发现：由于微型企业创业者通常并不具备良好的家庭和教育背景，其家人、亲戚和好友这些强联系的网络成员通常在资源信息方面比较匮乏，能为创业者提供的帮助比较有限。在这种情况下，弱联系社会网络所提供的信息和资源不仅更加多样，而且质量更高。对于微型企业创业者而言，弱联系更主要的作用是跨越其社会界限去获得外部的信息和其他资源，增加群体与群体之间的交流，有助于个体了解所处群体之外的重要信息，获取所需的稀有资源。

4.4.2 研究启示

1.帮助微型企业创业者构建基于弱联系的社会网络有助于其发现机会

同所有创业活动一样，微型企业创业也是一个将商业机会转化为企业存在的过程，创业者能否识别出可行、有盈利潜力的市场机会从根本上决定着创业活动能否发生。由于微型企业创业者阶层在创业知识、能力和资源上的不足，他们的创业过程通常十分困难，其中，对于创业机会的识别和准确评估就是制约微型企业创业的重要现实问题。对社会网络及依附于网络中的资源和信息的利用有助于微型企业创业者更有效地识别创业机会，提高创业成功的可能性。

对各级政府部门而言，有必要通过构建平台等方式为微型企业创业者建立社会网络提供机会。部分地区的现实情况表明，在政府的支持和引导下，少数微型企业创业者的成功创业会在当地产生示范作用，引发群体性的创业活动。"淘宝村"的出现就是例证之一，这种集群式的创业活动，对于促进当地的经济发展、解决城镇化过程中产生的就业问题已经发挥了重要作用。由于弱联系社会网络对创业机会识别的作用强度高于强联系的社会网络，一方面，微型企业创业者自身应采取措施和行动构建弱联系的社会网络，包括加入创业者社群、参加行业性的展销会和交流会、参加教育机构和政府部门组织的各类培训和研讨活动等；另一方面，政府部门等也应创造更多机会，帮助微型企业创业者构建社会网络，如定期组织有多元主体参加的交流和培训活动等，这将帮助他们识别创业机会。

2.加大对潜在创业者的培训可提高其创业警觉性

从目前情况看，政府对微型企业创业者的支持政策大多集中在税收、融资和工商注册方面，创业培训的对象则主要集中在已经创办企业的创业者，针对潜在创业者的培训还明显不足。事实上，目前微型企业创业的失败率非常之高，其中相当一部分就是在项目选择上存在严重失误。也就是说，创业机会的识别与评估不仅决定着创业活动能否发生，也决定着创业项目未来的盈利能力。为此，政府和教育部门未来应加大对潜在创业者的筛选和培训，增强其对市场机会的感知和评估能力，帮助他们识别出更具可行性和盈利潜力的创业项目。虽然微型企业创业失败率较高，但其中也不乏成功案例，例如下岗女工将擦鞋摊开成全国连锁店，使传统的街边擦鞋摊贩变成了知名的全国连锁机构，取得了巨大的成功。政府和教育部门可以通过对微型企业创业成功和失败案例的梳理，将背后的商业规律、相关知识和技能传播给潜在的微型企业创业者，这样不仅可以激发微型企业创业者的创业热情，也可以有效提高其对创业机会的警觉性，进而提高创业成功的概率。

3.引导微型企业创业者的行业选择可提高创业成功率

本研究还发现，行业差异对于微型企业创业者的创业警觉性和创业机会识别均有影响。样本企业中大多数是从事零售服务和制造的微型企业，在这类企业中，创业者的创业警觉性和创业机会识别要优于其他行业。其背后原因，一方面可能因为这类行业在我们生活中比较普遍、容易接触，运营方式相对简单，运营效果易于观察和评价，潜在创业者也更易于了解创办此类业务所需的资源、能力以及市场竞争规则等知识和信息；另一方面也可能因为微型企业创业者在这些领域拥有更多经验。相关的就业经历，为有志创业的微型企业创业者接触相关行业信息、学习行业知识提供了机会。以往的研究表明，当创业者对其所在行业的市场环境、顾客需求及如何为顾客提供服务有足够的知识和经验时，创业者更能快速准确地识别出潜在的创业机会。因此，对于微型企业创业者而言，进入自己相对熟悉的行业，特别是围绕曾经从事的工作领域寻找创业想法，不失为一条有效的路径，不仅有利于更好地发现机会，也有助于更好地运营。

5 微型企业创业学习、创新能力与创业绩效的关系研究

　　微型企业在我国企业中占有相当大的比例，而居高不下的失败率一直是社会比较关注的问题。如何提高微型企业的绩效，提高成功率成为社会亟待解决的事情。

　　对于创业过程中面临的困难，创业者本身的特质和能力与创业成功有着直接的关系，这已得到众多学者的认同。通过创业过程中不断学习可以有效提高创业者的能力。目前，创业学习已成为创业过程研究学者比较关注的问题。通过阅读和梳理创业相关文献，我们发现创业学习与创业绩效的关系已经得到了国内外很多学者的关注和验证。相关研究结果表明，创业学习不仅能够丰富知识储备，而且可以通过增强企业的动态能力促进创业绩效的提升。随着市场经济的不断发展，在复杂多变的环境中，创业者只有通过不断学习，不断提升组织的创新能力，才能在激烈的市场竞争中获取优势，求得生存。本研究以微型企业为研究对象，在综合创业相关研究的基础上，提出了将创新能力作为中介变量引入研究模型中，探讨了微型企业创业学习对创业绩效的影响机制，这不

仅丰富了微型企业创业学习的理论研究，而且突出了创新意识对小微企业的重要性。

5.1 核心概念与相关研究

自20世纪80年代以来，创业领域的创业过程研究引起了研究者的高度关注，人们开始关注创业过程中经验和知识的获取和转化、创业者的行为等。创业学习的重要性也逐渐得到认可。很多学者已经意识到，创业者的成功并不是先天的，是可以通过之后的不断的学习活动来增强创业能力的（Harrison&Leitch，2005）。

5.1.1 有关创业学习的研究

1.创业学习的概念

虽然国内外学者已经对创业学习（Entrepreneurial Learning）进行了大量的理论和实证研究，但是纵观现有的文献，对创业学习内涵的理解还是仁者见仁，智者见智。创业学习的内涵并没有得到大家的一致认同。

经验学派的Smilor（1997）认为创业学习是指通过之前积累的丰富经验来不断学习，从而增加自己知识储备的过程。他认为创业学习是创业过程的核心，创业意识、机会开发、资源获取和管理企业的能力都需要创业者通过不断学习来获得和提高。Anderson（1982）指出创业学习就是通过先前的经验和在创业过程中模仿别人的行为从而丰富创业知识并提高创业技能，将新知识与已有知识进行整合，最后作用于创业行为的过程。Rae和Carswell（2001）认为创业学习是指创业者在识别和开发新机会以及创立和管理新企业的过程中重构新方法的过程。他们认为实际生活中存在的问题和机会都可以学习，学习不仅是个体的学习，也是一种社会化的行为，对相关知识进行学习从而提出新的观点和理论。Minniti和Bygrave指出创业过程中不仅要学习成功的经验，而且要在失败中总结教训。他们认为创业学习是可以增强创业者自信心并扩充其知识集合的行为过程。

世界顶尖的创业学杂志 Entrepreneurship Theory&Practice 在 2005 年 7 月出版了一本重点研究创业学习的期刊，这表明创业学习的关键性受到了学术界的认可。其中 Diamanto Politis 在文章中通过建立理论模型，对创业学习研究进行了系统的验证，指出创业学习就是一个经验转化的过程。在这个模型中创业学习包含 3 个方面：经验转化过程、创业者职业经验、有效识别和管理创业机会的创业知识。他认为在这个过程中，创业者的经验是通过尝试和革新或者开发（从经验中学习，补充现有知识）转化而来的。国内学者夏清华（2008）指出创业学习是创业者个体先前经验和知识经过转化从而积累和创造新知识的过程。

尽管对创业学习的定义很多，但是通过对文献进行梳理，本研究引用了 Holcomb 和 Ireland（2009）关于创业学习的观点。他们认为创业学习是指从直接经验或者观察他人的行为、行动和结构获取新知识的过程，是组织同化的知识和现有知识联系起来的过程。

2.创业学习的方式

为了迅速适应市场经济的发展以及快速变化的市场环境，创业者必须通过不断学习来获取新的知识和信息，只有这样才能在激烈的市场竞争中获得竞争优势。现有的关于创业学习的文献大概分为两个层面的研究：个人层面和组织层面。

在组织层面的相关研究中，我国学者李新春和陈文婷（2010）[①]、刘井建（2011）等都从企业的层面对创业学习进行了研究。大多数学者认为创业学习包括两种方式：探索式学习和利用式学习。这是由 March 在 1991 年首次提出的，是经验学习理论的观点。利用式学习主要是经过识别、提炼新的有价值的知识，并且把其运用到实践中的学习，强调增强和扩展组织已拥有的能力和技能。探索式学习是经过不断实践和摸索，对已有的知识进行整理、改进和提高，从而丰富知识储备的学习，实质是经过获得丰富、较新的有价值的知识，做出产品和工艺的改善，扩大产品或服务的区域。这种创业学习方式的划分适合组织层面，适用于结构体系完整的组织，对于创业中的企业是否适用还需要进一步验证。

---

① 李新春，陈文婷.创业学习、知识获取与创业绩效——基于家族第二代企业家的研究［D］.大连：东北财经大学，2010.

在个人层面的相关研究中，学者普遍把创业学习分成认知学习、经验学习和实践学习。

（1）认知学习，也称为榜样学习或观察学习。Holcomb（2009）认为创业者认知学习就是通过观察和模仿他人的行为学习新的知识并与自己的认知结构相结合的过程。例如观察和模仿他人的成功行为、从他人的失败行为中总结和吸取教训从而避免犯错等（蔡莉等，2012）。认知学习就是将学习到的信息和知识与自身的知识和能力进行结合和重组，形成自身的个体认知模式和能力体系。由于个体的观念和能力不同，形成的认知模式也不尽相同，所以有效构建认知模式可以提高自身的学习效率。Coon（2004）认为认知学习过程是将通过观察、模仿他人行为所吸收的新知识与自己的认知模式进行组合重构并对自身能力、观念进行重组的过程，涉及理解、认识、预测和利用信息等高级心理活动过程。

（2）经验学习。Kolb 在 1984 年提出了经验学习理论。他认为经验学习是一个不断尝试和犯错的过程，是个体通过试错得到经验，再把经验转化成新知识的过程。Erikson（2003）指出，影响创业者在职业规划时放弃其他选择而创业的重要因素是创业学习研究的重点。其中之前的经验占了很大的比重，并且他认为之前的经验对创业能力有较大影响。Holcomb 等（2009）认为创业者在经验学习过程中通过亲身体验获取经验，例如行业经验、管理经验和创建企业的经验。创业者根据之前的经验，经过亲身经历和尝试将经验转变成知识，用于指导创业实践（蔡莉等，2012）。另外创业者不能只学习成功的案例，还要从失败行为中吸取教训，以避免犯同样的错误（Smilor，1997）。

（3）实践学习。随着社会经济环境的迅速发展，市场竞争越来越激烈，外部环境变幻莫测，创业活动也面临着高度的不确定性，创业者只是通过认知学习和经验学习两种学习方式，并不能获得足够的与创业相关的知识和能力，以应对和解决企业所遇到的各种问题。在较为动荡的环境中，当创业面临以往的经验或者对他人的模仿无法解决现实问题时，就需要创业者通过不断进行创业实践，不断领悟和学习新的知识，即通过实践学习（Action Learning）努力提高组织的绩效。实践学习是在特定的情况下进行的（Hamilton，2011），因此也有学者把实践学习称为情境学习，即学习发生于现实情境（Real Time）中。Lumpkin 和 Lichtenstein（2005）认为实践学习可以验证个人在行动前的计划和想做的行为是否与现实情况相匹配。因此实践学习的重要作用在于能够对之前学习的知识（包括经验学习和认知学习）提出质疑，通过创业实践过程来纠正存在偏差的知识。这种学习方式在创业过程中是相当重要的。创业者不能只是依靠已有的创业知识进行创业活动中的决策，还应该不断通过实践来检验、反思已有的知识。Greeno 等（1996）也强调了实践学习的重要性，并且指出实践学习、认知学习和经验学习是相互补充的。本研究也认为创业学习应当包括实践学习、认知学习和经验学习。在较为动荡的环境中，就需要创业者通过不断实践、慢慢摸索，努力提高组织的绩效。

由于微型企业规模相对较小、员工人数较少、组织结构并不完善，创业者本身对企业的发展起决定性的作用，可能需要承担一切风险。因此本书研究了个人层面的创业学习与创业绩效的关系。

3.创业学习的相关研究

创业学习是从动态的角度分析创业相关问题，解释相关现象。近年来，创业学习的相关研究得到了大家的高度重视。目前的研究中，大部分学者主要是通过构建理论关系模型对创业学习问题进行研究。之前的研究大部分学者比较关注创业者如何进行学习这个问题（个体学习过程），并且运用经验学习理论构建模型进行论证。最近有很多学者开始关注机会的开发和资源的配置，同时也关注到了创业失败的问题。之前的创业学习研究比较关注创业者怎样才能创业成功，忽视了创业者应该从失败中吸取经验教训。创业者在创业过程中，必须走出失败的阴影，找出失败的原因，重新认识自己，从失败中学习如何避免失败。

刘井建（2010）在研究中验证了了不同的创业学习模式与机会识别的匹配，同时探究了创业学习模式对新创企业成长的影响机制。蔡莉、汤淑琴（2014）通过对长春和杭州进行调研和实证研究，认为认知学习和经验学习均正向促进新企业绩效，并且创业学习通过机会识别和利用能力间接影响绩效。李慧、丁桂凤（2010）研究发现，大学生前瞻性人格和创业意向对创业学习有积极作用，并且创业意向在前瞻性人格和创业学习之间起到一定的中介作用。

另外，谢雅萍、黄美娇（2014）在相关研究中，将创业学习作为中介变量，探究了创业网络和创业能力之间的作用机制，结果表明创业网络通过创业学习间接影响创业能力。朱秀梅、孔祥茜（2014）在研究中构建了概念模型进行实证研究，认为探索式和利用式学习在学习导向与新企业竞争优势间具有中介作用，学习导向可以促进双元创业学习，使新企业获得竞争优势。Petkova（2009）较为系统地探讨了创业者从失败中学习的方法和益处，并且建立了创业学习的概念模型。他认为创业是反复试错的过程，创业者为了得到知识会在失败行为中进行分析和反思，从而总结经验，改善自己的认知结构，但是反思的结果受个体知识储备的影响。

5.1.2 创业绩效的相关研究

目前，在创业研究领域关于绩效的研究非常广泛。但是当前关于创业绩效的研究中，很多学者在相关研究中并未对创业绩效有过多的描述，大多数是将研究的重点放在创业绩效的影响因素上。因此，不同的研究者对于创业绩效的定义与维度划分是不同的。

1.创业绩效的内涵

创业的相关研究中，描述创业成果和有效性的重要标准中就有创业绩效（Entrepreneurial Performance）。Chandler 和 Hanks 在 1994 年的研究中提出，对创业绩效的研究应当从个体、组织和外部环境各个方面对创业者与绩效的关系分别进行分析。冯丽霞（2002）认为：企业绩效可从两方面来理解：一方面是以行为为导向的绩效，这是与发展目的相关的，可以按照个人的贡献度进行测量的行为；另一方面是以结果为导向的绩效，它是指在指定的时间，由一个特定的职能或活动输出的产出记录。

通过总结相关文献，可以发现创业绩效测量理论能分为以下几个分支：Yuchtman 和 Seeshore（1967）的目标基础理论与系统资源理论；Steers（1977）的过程理论以及 Conlon 和 Deutseh（1980）的利益相关者理论。目标基础理论认为企业应使用目标评价法来评估绩效。企业都会有自己设定的目标，可以根据实现目标的程度而评价创业绩效（Etzioni，1960）。但是由于组织所认可和设定的目标是不一样的，达成标准也不同，所以目标评价法很难全面衡量和比较不同企业的绩效。

为了弥补目标评价法的缺陷，衍生出了系统资源理论。该理论不仅强调不同方面的绩效，而且将企业与外部环境联系起来，用获得商业价值资源的能力衡量绩效。

过程理论是 Steers（1977）提出的，其认为可以用组织成员的行为作为衡量绩效的一个测量对象。

利益相关者理论将研究的重心放在了多个利益相关者的群体满意度上，充分重视股东们的态度和看法。Pierre（2009）提出，组织绩效是多维度的，它的测量应该有确切的说明，即平台、时间框架以及利益相关者的界定。

2.创业绩效的测量

通过梳理国内外相关文献，可以看出创业绩效的量表可以分为多个角度的多种观点。但是随着创业研究的深入，创业绩效的多维度性已经得到了大多数研究者的认可。当前学者从不同的角度对绩效进行了维度划分，包括主观指标和客观指标、财务指标和非财务指标等。

Covin 和 Slevin（1991）认为创业绩效应当包含获利性绩效（Profitability Performance）和成长性绩效（Growth Performance）两个部分。获利性维度体现了企业的组织收益，反映了企业的获利能力；成长性维度体现了创业的活动收益，说明企业的成长能力。Huselid（1995）认为创业绩效应使用主观测量的方法，创业绩效应划分为市场绩效和管理绩效，其中市场绩效包括获利能力、销售增长率和市场占有率等指标；管理绩效则包含顾客满意度、新产品（或服务）开发和产品（或服务）质量等指标。Gomes 和 Ramaswamy（1999）在文献中将创业绩效分为经营绩效（Operational Performance）和财务绩效（Financial Performance）两个维度。其中经营绩效是以销售总额中所耗费的经营成本进行测量，财务绩效指标则通常以资产回报率来衡量。韩翼等（2007）将创业绩效划分为创新绩效、成长绩效和财务绩效，并且把创新绩效定义为企业员工在知识不断共享和转移的过程中，为了获取竞争优势和持续成长动力，而进行不断创新的行为表现。Chrisman 和 Bauerschmidt（1998）研究认为，从市场定位和企业战略的角度考虑，在许多新创企业成立初期，往往都处于亏损的状态，但其中有的企业具有很强的市场竞争力和潜在的成长力。因此，单一的财务指标不能全面系统地评估绩效，可以使用成长性来衡量企业未来获利能力，所以他用获利性和成长性同时测量绩效。这种划分方法得到了广泛的认同和应用。表5-1整理了相关的划分方法。

表5-1 　　　　　　　　　　**创业绩效维度划分方法**

研究学者	提出时间	维度划分
Venkatraman 和 Ramanujam	1986	财务绩效、运营绩效、组织效能
Covin 和 Slevin	1991	成长性、获利性
Motowidlo 和 Borman	1993	任务绩效、关系绩效
Huselid	1995	管理绩效、市场绩效
Motowidlo 和 Scotter	1996	任务绩效、周边绩效
Lumpkin 和 Dess	1996	财务绩效、成长绩效
Walker 和 Ruekert	1997	效率、效果、适应性
Christman 和 Bauerschmidt	1998	获利性、成长性
Gomes 和 Ramaswamy	1999	财务绩效、经营绩效
张兆国	2002	经营绩效、经营者绩效
Johanna 和 Ramanujam	2004	财务绩效、员工满意度、客户满意度
Antoncic Hisrich	2006	成长性、获利性
韩翼等	2007	创新绩效、财务绩效、成长绩效

资料来源：作者根据相关文献资料整理而成。

本研究是对微型企业进行的实证分析，在综合分析目前创业研究领域关于创业绩效研究的资料基础上，借鉴 Chrisman 和 Bauerschmidt（1998）提出的创业绩效二维度测量模型，将创业绩效分为成长性和获利性测量。

3.创业绩效的相关研究

随着市场经济的不断发展，创业活动逐渐增多，在全球范围内蓬勃开展，从根本上推动了技术的进步、经济的发展和就业机会的增多，创业引起了不同领域研究者的注意。创业绩效从根本上映射了创业活动的成功与否，也是验证各种创业理论是否准确的标准。最近几年，创业绩效理论慢慢发展成熟，已由开始的单因素向多因素研究发展。创业绩效受多个因素共同作用，例如创业者特质、资本、机会、决策和社会关系等。

Colombo 和 Grili（2005）认为，创业团队的之前经验、社会网络、相关知识和能力等创业资源对创业绩效有正向作用。在创业的过程中，创业者经常会因为缺乏相关资源或者消费者和供应商消息、员工不能迅速适应并展开工作等原因而导致公司亏损，所以相关资源对于创业是至关重要的。余绍忠（2013）指出创业过程中的相关资源，包括人力、资本、信息和科技等都直接影响创业绩效，并且受外部环境的调节作用，同时资源整合的能力对于企业发展也是相当关键的。Ronstadt 和 Shuman（1988）在研究中指出，创业者团队中团队成员的才能以及才能的发挥都在一定程度上影响着组织绩效。赵浩兴、张巧文在文献中指出，农村的微型企业创业者的人力资本正向促进创业绩效的提升，并且可以影响创业效能感从而提高创业绩效。同时也有一些学者认为，创业者的社会资本与创业绩效正相关。

5.1.3 创新能力的相关研究

1.创新与创新能力的定义

"创新（innovation）"这一概念最早是由约瑟夫·熊彼特（Joseph Alois Schumpeter）在 1912 年的《经济发展理论——对于利润、资本、信贷、利息和经济周期的考察》一书中第一次明确提出来的，并且被运用到了经济学中。熊彼特认为创新是"建立一种新的生产函数"，就是将前所未有的关于生产条件和生产要素的重新组合引进生产中，从而获取潜在收益的过程。他提出的创新概念，掀起了关于创新研究的热潮，越来越多的研究者加入了创新相关研究的队伍中。

Burns和Stalker在1961年第一次引入创新能力的概念。最开始是在管理学和经济学领域使用，他对创新能力的定义是：企业成功接受和使用新的思想、工艺和产品的能力。后来更多的层面和学科也开始了对创新能力的相关研究。创新能力作为一种无形资产，是企业核心能力的源泉，对企业竞争优势的维持和战略的全面实施有很关键的作用。目前，对于创新能力主要有以下观点：

Lall（1992）认为创新能力就是企业有效掌握、吸收和改进所拥有的技术和创造新技术所需要的知识和技能的能力。但是大部分的学者把它看作一系列相关能力的结合。创新能力就是企业进行资源配置的创新活动所需要具备的各种能力的组合。企业创新并不只是局限在技术方面，而且还包含制度方面的创新（何会涛、韩平，2010）。Muller（1996）指出创新能力是改进生产技术、开发新产品、生产和制造能力和协调能力的结合。国内学者朱恒源、吴贵生等通过对其定义和结构的扩展，指出创新能力可以分解为技术和市场能力以及对两者进行整合的能力。实际上，创新能力是将概念、想法、意图转换成实际的关键，大多数企业都会更关注与自己战略相吻合的能力。比如说，如果企业的战略重点是为了抢占新市场，其就会更加关注新产品和新服务的研究和开发；如果企业的战略重点是为了降低成本，那么企业就会更注重提高效率方面的创新。

2.创新能力的测量

从目前的研究成果来看，创新能力的测量方法并没有得到学者们的一致认可。《奥斯陆手册》把创新能力划分成组织、产品、过程和市场4个方面的创新。经济合作与发展组织（OECD）在1992年提出可以使用4个指标测量创新能力，即专利数、创新数、新产品比例和创新支出比例。Daft（1978）在文章中把创新能力划分为技术创新和管理创新，其中管理创新包含企业的服务和战略创新，但技术创新包含研发、工艺、产品等的创新。郭旅昊、陈福集（2010）从创新资产、创新投入和创新产出几个方面评估创新能力，其中的创新资产是指当前组织所掌控的特定领域的核心技术和知识产权情况，可以通过参与制定的行业标准的数量、授权专利数和企业著名商标数量3个子指标来体现；创新投入是指企业为了保持持续的创新能力而采取措施进行的一系列的投资，可以通过企业研发机构建设情况、培训支出、研发人员比重和创新资金投入等子指标来体现；创新产出是指企业的创新能力在资本价值方面的体现，主要通过产品销售情况和财务盈利能力来体现。

本研究主要采用了Betz（1993）、Tidd等（2001）的测量方法，从工艺创新、产品创新和服务创新方面对创新能力进行测量。这种维度划分得到了学者们的认同以及广泛的应用。

5.2 研究设计

5.2.1 研究模型框架

本研究在各变量间逻辑关系的基础上，构建了关系模型。旨在验证微型企业不同创业学习方式与创业绩效的关系，同时研究创新能力在其中所发挥的中介效应。通过研读相关文献，本研究采用经验学习、认知学习以及实践学习这3个维度对创业绩效进行测量，采用成长性和获利性对创业绩效进行测量。

本研究的模型框架如图5-1所示：

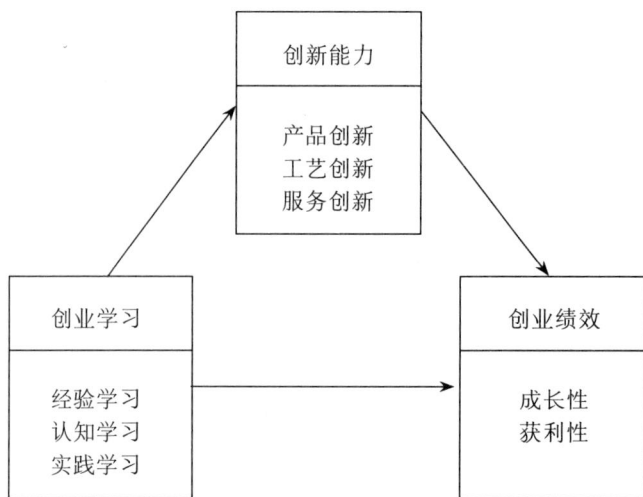

图5-1 研究模型框架

5.2.2　研究假设

1.微型企业中创业学习与创业绩效的关系

关于创业学习对创业绩效的作用，已经得到许多验证。Senge 等
（1994）指出企业学习和学习效率的提高都能够促进企业获得持续竞争
优势，从而获得长远的效益。Minniti 和 Bygrave（2001）在研究中建立
了创业学习反复选择的校准算法，结果显示失败和成功同样具有重要作
用，企业家通过在失败中反思以及学习而不断丰富和更新自己的知识储
备，修正策略，从而为组织绩效的提高奠定基础。另外，Yang 等
（2008）在研究中认为学习不只有利于增加短期财务绩效，对长期的战
略效益也有关键作用，同时他也证明了经验的获得、经验差别和强度对
评价和选择能力有促进作用。Spicer 等也认为，创业者拥有的超强的学
习能力，不但可以提高自身的能力、丰富个体的资源，而且可以转变成
企业的资源，对其成功至关重要。在新创建的企业中通过不断学习可以
让企业生存下来并不断发展，同时规范的学习能够提高企业的内部管理
能力。倪宁和王重鸣（2005）认为创业者通过不断学习可以迅速减少新
进入者缺陷带来的损失，对企业的成长绩效有重要作用。陈文婷将家族
企业作为调查对象进行了研究，认为创业学习对家族企业的跨代持续成
长具有重要的作用和意义。高祥和蔡莉（2013）认为创业学习可以提高
企业的机会识别能力和资源整合能力，并且能够提升创业绩效，同时创
业学习能够通过提高创业能力而作用于创业绩效。[①]付宏和肖建忠
（2008）以上海新创企业为案例进行分析，发现创业者个人的学习与企
业成长有着密切关系。

在激烈的市场竞争中，创业者必须不断学习，从而更新自己的知识
储备，才能在快速变化的市场环境中生存下来。本研究考虑到微型企业
的特点，采用个人层面的创业学习，将创业学习划分为经验学习、认知
学习和实践学习 3 个维度进行研究。认知学习是通过对他人行为及结果
进行不断模仿和重构，或者对他人之前的经验进行吸收和反思，帮助自

---

① 高祥，蔡莉.创业学习对新创企业绩效的作用关系研究［D］.长春：吉林大学，
2013.

已做出正确的决策，从而提高企业的绩效；经验学习则强调通过不断重复某些行为或者试错的过程来积累相关经验，并将这些经验转化成自己的知识储备，从而创业者可以在面对某种困境的时候迅速做出正确的反应；实践学习的实质是面对特定的情况进行的试错活动，即创业者在一定背景和社会关系网络下在重复试错中不断吸收知识。

创业者必须进行持续的学习，从而能够快速适应内外部环境，进而促进创业者做出正确的决策，提高财务绩效（毛建军、武德昆、高俊山，2008）。陈彪和蔡莉等（2014）通过对高科技企业进行案例分析，分析了企业发展过程中，不同的学习方式对企业成长的影响，结果表明企业在创立初期经验学习作用较大；认知学习在存活期具有重要作用；在企业的发展期，实践学习和认知学习同样重要。

在以往学者的研究基础之上，本研究探讨在微型企业中不同创业学习方式对创业绩效的作用，从而提出以下假设：

H1：微型企业中创业学习与创业绩效呈正相关关系。

H1a：微型企业中认知学习与创业绩效呈正相关关系。

H1b：微型企业中经验学习与创业绩效呈正相关关系。

H1c：微型企业中实践学习与创业绩效呈正相关关系。

2.微型企业中创业学习与创新能力的关系

从以往的文献来看，很多研究者都对组织学习对创新能力的影响进行了研究，并且大部分研究者都认为组织学习促进创新能力的提升。Glynn（1996）认为丰富的知识储备是创新的源头，而创新是企业发展的不竭动力。企业必须持续接收新的知识，同时结合客户的需求，从而把有价值的新观点应用到企业运营中。创业中的不断学习有利于创业知识的获得和丰富，并产生新的观点和想法，进而大大促进企业的创新行为。学习可以帮助创业者获得并且处理新的信息，进而可以有效促进新产品的创新。学习的意愿和倾向的增加会不断提高企业的创新程度，在知识密集型的行业中更为明显。个人和企业通过学习可以促进创新行为的发生，是组织获取竞争优势的源泉（Stata，1989）。Leavy通过研究指出，学习可以通过以下3个方面作用于创新：事业流程的创新能力，可以使企业把技术及时推销到市场上；组织的研发能力，可以使企业创造新的产品或工艺；制度方面，能够让企业充分利用每位成员的创新潜能并且搜集一些小的创意而进行创新行为，并且运用系统的方案不断改善。

在创业过程中，必须通过不断的学习活动，搜集新的信息，获取新的机会，寻找新的业务，从而提高企业开发新的技术或产品的创新能力。知识是创新的源泉，而创新的实质就是持续的学习和创造新知识的过程。已经有相当多的规范和实证研究验证了组织学习与创新能力之间的正向效应关系。Argyrist 和 Schon（1978）以及 Mabey 和 Salaman（1995）在研究中指出，相同组织条件下学习可以提高企业的创新能力。谢洪明、王成等（2007）也认为，学习对知识整合能力有着重要的作用，学习必须经过知识整合能力的提升才能促进管理创新和技术创新。陈刚、蔡莉（2012）基于多案例分析法的研究认为，认知学习、经验学习和实践学习有助于新创企业获得新的知识，提升机会识别和开发能力，从而促进企业的创新行为。高祥（2013）的研究结果表明，经过认知学习和经验学习能够不断丰富和更新自己的知识储备，增强资源管理能力和机会识别能力。

但是大部分关于创新能力的研究都是通过文化或组织结构相对成熟和完善的企业展开的，缺乏对创业阶段的微型企业进行调查分析。笔者认为微型企业创业者通过不断学习能够增强创新能力，因此提出以下假设：

H2：微型企业中创业学习与创新能力呈正相关关系。

H2a：微型企业中认知学习与创新能力呈正相关关系。

H2b：微型企业中经验学习与创新能力呈正相关关系。

H2c：微型企业中实践学习与创新能力呈正相关关系。

3.微型企业中创新能力与创业绩效的关系

创新能力是组织维持生命活力的一种核心能力。创新能力可以使企业获得竞争优势，在发展中保持充足的活力和持续的动力，进而提高企业的组织绩效。关于创新能力对组织绩效的作用，许多学者进行了研究，研究结论大都认为创新能力对创业绩效有正向促进作用。Geroski 等（1993）认为组织中创新数量可以正向促进其营业利润率的提高。另外，尽管某项创新不会明显提高利润率，但长期来看，没进行产品创新的企业比进行创新的企业利润率会低一些。Kumar等（2002）将213家中国工业型企业作为对象进行分析发现，企业的创新能力对组织绩效有积极促进作用。Hult、Hurley和Knight（2004）经过定性和定量相结合的分析方法，研究了组织创新、学习导向、市场导向和组织绩效等变量的关系。结果表明受外部环境的作用，组织创新积极促进组织绩效的提升。国内学者谢洪明和韩子天（2005）通过对华南地区企业进行调研，发现管理创新直接促进组织绩效。马文聪（2010）通过研究组织公民行为对组织绩效的作用，以及创新在他们中发挥的中介作用，把创新划分成管理和技术两个层面，认为技术创新通过作用于管理创新而积极提高企业绩效。企业进行产品创新，可以快速吸引顾客的注意力，引起顾客的好奇心与关注，从而提升企业的知名度和企业绩效。M.Hitt和R.Ireland（2000）通过同时使用定性和定量的分析方法表明组织长期利润的来源就是技术创新，它支撑着企业的持续成长。企业在成长中，进行创新活动而不断获得竞争优势，进而提升组织绩效。Dess和Lumpkin（2005）认为企业通过有效地提高创新性可以获得竞争优势和发展所需要的资源。创新能力的提升不仅可以提高企业的盈利能力，而且可以提高企业的市场占有率，从而提高企业的整体素质，为企业的持续发展提供动力。

基于以往的相关研究，提出以下假设：

H3：微型企业中创新能力与创业绩效呈正相关关系。

4.微型企业中创新能力在创业学习与创业绩效间的中介作用

许多学者已经开始关注创业学习与创业绩效之间的转化路径。朱瑜和王雁飞等（2007）研究指出，组织学习与组织创新和企业核心能力都呈正相关关系，同时组织创新在组织学习与企业核心能力之间起中介作用，可以增强组织学习对核心能力的作用。吕毓芳（2005）采用定性分析和定量分析相结合的方法，研究发现组织学习通过增强管理创新和技术创新而作用于组织绩效。林锦锦、朱爱武（2012）通过对宁波50家企业的调查发现：企业组织学习需要经过强化管理创新和技术创新而提升组织绩效，组织学习不能直接作用于组织绩效，必须借助创新行为间接提高组织绩效。在创业领域，刘井建（2011）表明创业学习可以经过机会识别、经验知识、能力培育、问题解决等方式影响新创企业的成长绩效，并且调节创业学习对成长绩效的作用。蔡莉和尹苗苗（2009）也证明了创业学习能力对创业绩效的作用，同时还指出，新创企业的学习能力正向促进资源整合方式。同时有学者认为，创业学习可以通过提高自身的创业机会识别能力和机会利用能力间接影响创业绩效，这都离不开企业的创新行为。Hurley 等（1998）认为，经过持续的学习可以丰富自己的知识储备，促进组织技术创新能力的增强，有助于组织绩效的提升。国内学者林锦锦、朱爱武（2012）通过对宁波 50 家企业进行调查研究发现，企业的组织学习需要借助管理创新和技术创新两种手段，从而提升组织的绩效。国内外的很多学者都通过定性与定量的研究，验证了创业学习有利于提升企业的创新能力，同时创新能力对创业绩效的积极作用也得到了大部分学者的实证验证。本研究认为，创业者可以通过不断进行创业学习，丰富和更新自己的知识储备，提高创新能力从而获得竞争优势，进而实现创业绩效的提升。基于此，提出以下假设：

H4：微型企业创新能力在创业学习与创业绩效之间起中介作用。

H4a：微型企业创新能力在认知学习与创业绩效之间起中介作用。

H4b：微型企业创新能力在经验学习与创业绩效之间起中介作用。

H4c：微型企业创新能力在实践学习与创业绩效之间起中介作用。

5.2.3 问卷设计

1.量表的选择

（1）对创业学习的测量。

本研究通过搜索和梳理相关文献，并且根据学者们对创业学习方式内涵的阐释，将创业学习分成了认知学习、经验学习和实践学习 3 个方面，采用了 Lumpkin&Lichtenstein，2005；Politis，2005；Chandler&Lyo，2009；Zhao，2011；单标安（2013）等的量表对创业学习进行测量，见表5-2。

表 5-2 　　　　　　　　　　　创业学习测量量表

变量维度	题项
认知学习 （Cognitive Learning）	您常常和行业中的相关人员进行交流
	您常常学习同行业中优秀企业的行为
	您常常通过观察他人的行为（包括失败行为）获得信息
经验学习 （Experiential Learning）	您经常在创业过程中积累各种经验
	您认为之前的经验（创业经验、行业经验和管理经验等）对创业决策非常重要
	您并不害怕失败，而是喜欢从失败中总结经验和教训
实践学习 （Action Learning）	您在创业过程中一直搜集内外部环境的信息
	您很注重在实践过程中深化创业认识
	您认为通过创业实践获取的经验很有限
	您通过不断地创业实践来反思或纠正已有的经验

量表参考资料主要来源：①LUMPKIN G T，LICHTENSTEIN B B.The role of organizational learning in the opportunity-recognition process［J］．Entrepreneurship Theory and Practice，2005，29（4）：451-472.

②CHANDLER G, LYON D. Involvement in knowledge-acquisition activities by venture team members and venture performance［J］．Entrepreneurship Theory and Practice，2009，33（3）：571-592.

（2）对创新能力的测量。

通过对相关文献进行梳理，本研究对于创新能力的测量，主要借鉴了 Betz（1993）和 Tidd、Bessant 和 Pavitt（2011）所开发的量表，把创新能力划分为产品创新、服务创新和工艺创新进行测量。该量表也得到了许多学者的认可和广泛使用。创新能力测量量表见表 5-3。

表 5-3 　　　　　　　　　　　　 **创新能力测量量表**

变量	测量题项	来源
产品创新	贵企业会快速发现市场需求，开发新产品并推出上市	Betz（1993）；Tidd，Bessant&Pavitt（2001）
	贵企业常常推出丰富多样的产品	
	贵企业用于开发新产品的费用不断增加	
	贵企业注重专利产品和知识产权的开发	
工艺创新	贵企业不断改善旧产品并不断提高新产品品质	
	贵企业会增加新的设备或工具，提高生产或工作效率	
	贵企业会引入更高效率的制造工艺从事生产活动	
	贵企业所推出的产品成本比竞争对手低	
服务创新	贵企业现在的销售方式比以前改善很多	
	贵企业可以提供更廉价、高品质、更快速的服务	
	贵企业的顾客忠诚度比竞争对手高很多	
	贵企业的顾客回应速度比竞争对手快很多	

（3）对创业绩效变量的测量。

本研究对创业研究领域中关于创业绩效研究的资料进行综合分析，引用 Chrisman 和 Bauerschmidt（1998）二维度测量模型，将创业绩效分为获利性和成长性。该量表共包括 10 个题项。在调研问卷中，使用李克特五点量表（Likert，1932）对创业绩效的题项进行测量，通过定位点（数字 1~5）来让受访者根据自己的主观感受选择对题项的不赞成或赞成的强烈程度（非常不同意、不同意、不确定、同意和非常同意）。创业绩效的测量量表见表 5-4。

表 5-4 　　　　　　　　　　　　 **创业绩效的测量量表**

变量	测量题项
获利性	贵企业销售收入年均增长率比去年高
	贵企业销售收入比同行业的平均水平高
	贵企业利润年均增长率比去年高
	贵企业利润率比同行业平均水平高
成长性	贵企业规模比去年有所增加
	贵企业规模扩张速度比同行业平均水平高
	贵企业员工人数比去年多
	贵企业员工增长率比同行业平均水平高
	贵企业的产品市场占有率比去年高
	贵企业的产品市场占有率比同行业平均水平高

资料来源：CHRISMAN J J，BAUERSCHMIDT A，HOFER C W .The determination of new venture performance：An extended model ［J］. Entrepreneurship：Theory and Practice，1998，23（1）：5-29.

2.问卷的总体设计

通过阅读大量相关文献，并且结合国内外相关研究中的优秀量表，本研究设计出了初始调查问卷。在此基础之上，通过预调查中被调查者的反馈信息改善了本研究的措辞，调整了问卷中语义生硬、语义有歧义的部分，得到了本研究的最终调查问卷。

调查问卷主要分成3个部分。

第一部分为引言和致谢。

第二部分为调查对象及其企业的基本情况，主要有创业者的年龄、性别、教育水平和之前的创业次数，以及企业的成立年数、所属行业和企业规模等方面的信息。

第三部分是问卷的主题，主要是创业学习、创新能力和创业绩效的测量问项。题项主要使用"李克特五点量表"进行打分测量，每个题项有五种程度的回答，分别为"完全不符合"、"不符合"、"不确定"、"符合"和"非常符合"，并对应分值为"1"、"2"、"3"、"4"和"5"。

3.研究样本的选择

之后我们开始了数据搜集工作。首先就是样本的选择。样本的选择工作是研究工作中特别重要的环节，样本质量的好坏直接决定了研究结论的可信度。

根据研究设计，我们把调查对象确定为微型企业的创业者。根据相关学者对微型企业的判定标准，本研究选择了10人及以下的企业作为调查的对象。另外，考虑到本研究主要是对创业阶段的企业进行调查分析，所以为了将创业企业与成熟企业进行区分，本研究将企业的成立年数在10年及以下的企业定义为创业阶段的企业，以其作为本研究样本选择的条件。

4.问卷的发放与回收

考虑到问卷的科学性和有效性，本研究主要分为3个步骤进行，即预调查、问卷修改和问卷的正式发放。我们先进行了一部分预调查，根据被调查者的建议和反馈信息，对问卷中表述不清晰、不规范或有歧义的题项进行了修改，然后进行最终的问卷发放。

本研究通过问卷星共计发放问卷 500 份，回收问卷 347 份，有效问卷 151 份；通过实地调研的方式发放问卷并进行深度访谈，共发放问卷 80 份，其中有效问卷 57 份。调研的地域包括：大连、沈阳、重庆、北京、深圳、郑州。样本回收情况分析见表 5-5。

表 5-5   样本回收情况

项目	第一种方式	第二种方式	合计
回收问卷	347	80	427
有效问卷	151	57	208
有效率	43.5%	71.3%	48.7%

5.3 实证研究

5.3.1 描述性统计分析

我们把回收的 208 份有效问卷进行了录入、分析，得出描述性统计特征，见表 5-6。

表 5-6   样本的描述性统计分析

特征	类别	频率	比例（%）
性别	男	111	53.4
	女	97	46.6
年龄	20 岁以下	30	14.4
	21~30 岁	86	41.3
	31~40 岁	61	29.3
	41~50 岁	28	13.5
	51 岁以上	3	1.4
最高学历	初中及以下	25	12.0
	高中（中专）	44	21.2
	专科	44	21.2
	本科	52	25.0
	硕士及以上	43	20.7

特征	类别	频率	比例（%）
创业经历	没有	79	38.0
	1次	85	40.9
	2次	37	17.8
	3次及以上	7	3.4
企业成立年数	1年及以下	44	21.2
	2~3年	93	44.7
	4~5年	40	19.2
	6~8年	20	9.6
	9~10年	11	5.3
所属行业	农林牧渔业	11	5.3
	建筑业	13	6.3
	加工制造业	6	2.9
	交通运输	5	2.4
	仓储业	4	1.9
	批发零售业	70	33.7
	居民服务业	29	13.9
	住宿餐饮业	39	18.8
	文化、体育、娱乐业	18	8.7
	其他	13	6.3
企业规模	2人以下	59	28.4
	3~5人	55	26.4
	6~8人	53	25.5
	9~10人	41	19.7

1.创业者性别

在获得的有效样本中，男性111人，占调查人数的53.4%，女性97人，占调查人数的46.6%。从数据中可以看出，女性的创业人数与男性创业人数相差并不大，说明随着社会和经济的不断发展，男主外女主内的传统观念正在逐渐淡化，越来越多的女性开始走向社会，参与创业活动。

2. 创业者年龄

在年龄方面，本研究将调查对象的年龄分为5个区段，其中21~30岁的创业者最多，占调查总数的41.3%。其次是31~40岁，占调查总数的29.3%。20岁以下、41~50岁和51岁以上的创业者相对较少，分别占调查总数的14.4%、13.5%和1.4%。

3. 教育水平

关于教育水平方面，为了更好地掌握被调查者的受教育程度，本研究将其细分为5个区段。其中，本科、专科和高中（中专）的创业者相对较多，分别占25.0%、21.2%和21.2%。其次为硕士及以上和初中及以下的创业者，占20.7%和12.0%。从数据分析可以看出，拥有高学历的人才参与创业活动的人数比较多。

4. 创业经历

为了解被调查者的创业背景，本研究将创业次数分为4个区段。其中，之前有过1次创业经历和之前没有创业经历的创业者居多，分别占40.9%和38.0%。之前有过2次和之前有过3次创业经历的创业者分别只17.8%和3.4%。

5. 企业成立年数

本研究将企业的成立年数分为6个区段，筛选了10年及以下的企业作为研究对象。其中，创业2~3年的企业最多，占44.7%。其次是1年及以下和4~5年的企业，分别占调查总数的21.2%和19.2%；创业6~10年的企业相对较少，只占14.9%。本研究的调查样本大部分是刚创立不久的企业，符合本研究的调查要求。

6. 所属行业

为了有效了解调查对象的行业分布，本研究将行业细分为10个区段。调查样本中批发零售业的企业最多，占总数的33.7%。另外，住宿餐饮业和居民服务业各占总数的18.8%和13.9%。其他行业所占比例相对较小。

7.企业规模

在企业规模方面，本研究将企业分为 5 个区段，考虑到本研究的调查对象为微型企业，所以将企业的员工人数控制在 10 人以下。根据所得数据可以看出，员工数在 2 人以下的占 28.4%，员工数在 3~5 人的占调查总数的 26.4%，6～8 人的所占比例为 25.5%。9~10 人的企业占调查总数的 19.7%。

5.3.2 信度与效度分析

为了验证问卷中量表选择的有效性，本研究主要从信度和效度分别进行评价。

1.量表信度分析

信度（reliability）分析是用来检验测量量表中所设立的指标是否能够体现出被调查者的某一特性，也称为可靠性分析。它包括两个方面：一致性和稳定性。其中，一致性是指某一群体接受同样性质、同样题型、同样目的的不同调查问卷后，每个测量指标之间呈现出显著的正向关系；稳定性是指同一群体在不同背景中采用同种测量方法的时候，所得结果相差不大。在进行实证研究前，要先对调查问卷的信度进行分析，以保证结论是有效的。在实际的调查研究中，对量表进行信度分析使用最为普遍的是进行内部一致性（consistency）的信度分析，而在一致性测量指标中，常常使用的方法是 Cronbach's α（0≤Cronbach's α≤1）系数（Cronbach，1946），该方法能够比较准确地衡量量表的一致性和所测变量的一致性程度。一般状况下，Cronbach's α 系数越高，表明测量工具越有效。

根据心理测量学的要求：Cronbach's α 系数高于 0.90 称为优秀，接近 0.80 是很好，达到 0.70 则是适中，高于 0.50 表示能够接受，小于 0.50 则不能接受（Kline，1998）。现在的研究普遍把信度系数值达到 0.70 作为信度的最低标准。本研究也采用了 Cronbach's α 系数至少要达到 0.70 的标准水平。本研究使用 SPSS20.0 分析工具对各个变量的信度进行了测量。

（1）创业学习的信度检验（表 5-7）。

表 5-7 创业学习的信度表

研究维度	题项	校正后的题项/总项相关系数	删除该变量后的 α 值	Cronbach's α 值	总体 Cronbach's α 值
认知学习	CL1	0.542	0.654	0.727	0.791
	CL2	0.604	0.572		
	CL3	0.511	0.685		
经验学习	EL1	0.593	0.596	0.729	
	EL2	0.547	0.649		
	EL3	0.518	0.681		
实践学习	AL1	0.549	0.664	0.734	
	AL2	0.577	0.643		
	AL3	0.505	0.712		
	AL4	0.533	0.681		

如表 5-7 所示,创业学习的所有操作变量的校正后的题项/总项相关系数(Corrected Item-Total Correlation)均大于 0.50,所有题项中删除其中任一个都会导致其所测量的结构变量的 Cronbach's α 值减小,并且认知学习、经验学习和实践学习的分量表的 Cronbach's α 值分别为 0.727、0.729 和 0.734,创业学习的总量表 Cronbach's α 值为 0.791,均大于 0.70。以上都表明本研究采用的创业学习的量表具有较好的信度水平,所有题项均应该保留,符合内部一致性的要求。

(2)创新能力的信度检验(表 5-8)

表 5-8 创新能力的信度表

研究变量	题项	校正后的题项/总项相关系数	删除该变量后的 α 值	Cronbach's α 值	总体 Cronbach's α 值
产品创新	PI1	0.674	0.739	0.810	0.885
	PI2	0.634	0.758		
	PI3	0.622	0.764		
	PI4	0.582	0.785		
工艺创新	TI1	0.600	0.764	0.804	
	TI2	0.693	0.719		
	TI3	0.669	0.730		
	TI4	0.520	0.801		
服务创新	SI1	0.500	0.772	0.780	
	SI2	0.577	0.730		
	SI3	0.672	0.684		
	SI4	0.600	0.718		

如表5-8所示，创新能力的3个维度的量表的信度水平分别为0.810、0.804和0.780，总体量表的Cronbach's α 值达到了0.885，都超过了0.70，同时所有操作变量的校正后的题项/总项相关系数均超过0.50，所有题项中删除其中任一个都会导致其所测量的结构变量的Cronbach's α 值减小。这说明创新能力的量表具有较好的信度，所有题项均应保留。

（3）创业绩效的信度检验（表5-9）

表5-9 创业绩效的信度表

研究维度	题项	校正后的题项/总项相关系数	删除该变量后的 α 值	Cronbach's α 值	总体 Cronbach's α 值
获利性	PP1	0.665	0.799	0.838	0.915
	PP2	0.660	0.801		
	PP3	0.681	0.791		
	PP4	0.680	0.791		
成长性	GP1	0.748	0.877	0.898	
	GP2	0.758	0.876		
	GP3	0.763	0.875		
	GP4	0.726	0.880		
	GP5	0.646	0.892		
	GP6	0.727	0.880		

从表5-9可以看出，创业绩效的所有操作变量的Corrected Item-Total Correlation（校正后的题项/总项相关系数）值都大于0.50，同时，创业绩效两个维度的分量表信度水平分别是0.838和0.898，并且总体量表Cronbach's α 系数达到了0.915，都超过0.70。同时，所有题项中删除其中任一个都会导致其所测量的结构变量的Cronbach's α 值减小，以上数据说明本研究所采用的创业绩效测量方法的信度水平非常可信，达到内部一致性的要求。

2.量表效度分析

效度就是所选择的量表能够正确衡量想要测试的行为或心理特质的程度，亦称为所测结果的有效性。在实证分析中，效度分析分为3种：内容效度（context validity）、结构效度（construct validity）和效标效度（criterion-related validity）。内容效度指的是测验题项与调查样本的适合性，验证样本是否是想要衡量的行为中具有代表性的。结构效度也称构建效度或建构效度，指测验能够测量到理论上的构想或特质的程度。一般研究者都是使用结构效度对量表进行验证。效标效度是指测试预测调查者在某种背景下行为展现的有效性程度。量表中题项测量结果与事实越接近，则其效标效度越好。

本研究考察量表的效度主要使用因子分析法。在进行因子分析之前，要先进行 KMO 样本测度（Kaiser-Meyer-Olkin Measure of Sampling Adequacy）和巴特莱特球体检验（Bartlett's Test of Sphericity），从而确定各个变量是否适用因子分析法。KMO 样本检验是要确定每个变量间有没有强烈的相关关系，这是进行因子分析前必须做的。一般 KMO 约等于 1 时，说明该变量适用因子分析法。KMO 系数超过 0.90，表明数据非常适用因子分析法；0.80<KMO<0.90，说明数据很适用因子分析法；0.70<KMO<0.80，说明适用因子分析法；0.60<KMO<0.70，说明数据不是很适用因子分析法；若 KMO 低于 0.50，则表明数据不适用因子分析法。Bartlett's Test of Sphericity 的统计值的显著性（P 值）概率低于 0.01，表明数据间有显著的相关关系，即样本数据很适用因子分析法。

本研究对构建的每个维度量表进行主成分（Principal Component）分析，用来验证各个维度能否自动聚为一类，同时观察每个题项的因子载荷值。研究变量各维度测量量表的主成分分析使用最大方差法（Varimax），旋转后的因子载荷矩阵（Rotated Component Matrix（a））中如果各维度下的题项自动聚为一类，且各题项在所属因子上的载荷系数均在 0.50 以上，而在其他因子上的载荷系数较小，则说明研究所用测量工具拥有很好的结构效度。

（1）创业学习量表效度检验。

创业学习分为实践学习、认知学习和经验学习 3 种方式，对于多维度指标的测量，采用主成分分析法，抽取特征值超过 1 的公共因子，抽取 3 个清晰成分，利用最大方差法中的正交旋转可获得各因子的载荷值。根据 Comrey & Lee（1992）对因子载荷值的划分标准：因子载荷值大于 0.70 表示非常好，处于 0.60~0.70 范围表示很好，位于 0.50~0.60 范围表示好，位于 0.30~0.50 范围表示比较差，小于 0.30 表示非常差。如果低于 0.50，则应该修改或删除。创业学习结构维度因子载荷见表 5-10。

表 5-10　　　　　创业学习结构维度因子载荷

变量名称	题项	因子1	因子2	因子3
认知学习	CL1			0.774
	CL2			0.864
	CL3			0.693
经验学习	EL1		0.724	
	EL2		0.779	
	EL3		0.777	
实践学习	AL1	0.736		
	AL2	0.770		
	AL3	0.769		
	AL4	0.612		
KMO值是0.789，卡方统计的显著性概率为0.000				
特征值		3.644	1.559	1.114
方差解释（%）		36.438	15.594	11.139
累计方差（%）		36.438	52.031	63.171
Bartlett's Test of Sphericity	Approx. Chi-Square	578.526		
	自由度 df	45		
	显著性检验	0.000		

本研究运用 SPSS 20.0 对创业学习进行效度分析，可以看出，KMO 等于 0.789 超过 0.700，另外 Bartlett 球形度检验显著性概率为 0.000< 0.010，说明创业学习数据相关性比较高，适宜使用因子分析模型。

由表 5-10 可以看出，创业学习中提取了特征值大于 1 的因子共 3 个，3 个因子的方差解释度分别为 36.438%、15.594% 和 11.139%，累计方差解释度为 63.171%，大于 50%。这说明创业学习的题项有着很好的解释率。

由创业学习旋转成分矩阵可以看出，CL1、CL2 和 CL3 题项的因子载荷值是0.774、0.864和0.693，均超过0.600，这3个题项也是为创业学习的认知学习维度所设计，符合之前的构思，表明认知学习拥有特别好的结构效度。EL1、EL2和EL3题项的因子载荷值分别为0.724、0.779和0.777，均大于0.700，这3个题项是为创业学习的经验学习所设计，符合之前的构思，表明认知学习拥有非常好的结构效度。AL1、AL2、AL3和AL4题项的因子载荷值分别为0.736、0.770、0.769和0.612，均大于0.600，这4个题项是为创业学习的实践学习所设计，符合之前的构思，表明实践学习拥有很好的结构效度。

（2）创新能力量表效度检验（表5-11）。

表5-11　　　　　　　创新能力结构维度因子载荷

变量名称	题项	因子1	因子2	因子3
产品创新	PI1	0.764		
	PI2	0.862		
	PI3	0.673		
	PI4	0.540		
工艺创新	TI1		0.670	
	TI2		0.861	
	TI3		0.758	
	TI4		0.597	
服务创新	SI1			0.640
	SI2			0.676
	SI3			0.819
	SI4			0.778
KMO值是0.877，卡方统计的显著性概率为0.000				
特征值		5.312	1.304	1.147
方差解释（%）		44.267	10.868	9.556
累计方差（%）		44.267	55.135	64.691
Bartlett's Test of Sphericity	Approx. Chi-Square	1054.471		
	自由度df	66		
	显著性检验	0.000		

从表5-11可以看出，本研究对创新能力进行效度分析的结果显示，KMO值是0.877，超过0.800，另外，Bartlett球形度检验显著性（P值）概率为0.000<0.010，说明创新能力的数据相关性很高，很适合进行因子分析。

  表5-11显示，创新能力12个题项中共提取了3个特征值大于1的因子，3个因子的方差解释度分别为44.267%、10.868%和9.556%，累计方差解释度为64.691%，大于60%。这说明创新能力的量表能够说明变量的大多数信息。

  由创新能力旋转成分矩阵可以看出，量表的题项PI1、PI2、PI3和PI4因子载荷值分别为0.764、0.862、0.673和0.540，都大于0.500。这同时也符合我们对创新能力的产品创新的设计，说明产品创新的结构效度符合数据分析的要求。题项TI1、TI2、TI3和TI4因子载荷值分别为0.670、0.861、0.758和0.597，都大于0.500，符合我们对创新能力中的工艺创新的设计，说明创新能力中的工艺创新的结构效度符合数据分析的要求。题项SI1、SI2、SI3和SI4因子载荷值分别为0.640、0.676、0.819和0.778，均大于0.600，也符合量表对创新能力中服务创新的设计，说明服务创新有着很好的结构效度。

  （3）创业绩效量表效度检验（表5-12）。

表5-12   创业绩效结构维度因子负荷

变量名称	题项	因子1	因子2
成长性	PP1		0.857
	PP2		0.626
	PP3		0.840
	PP4		0.631
获利性	GP1	0.789	
	GP2	0.830	
	GP3	0.821	
	GP4	0.796	
	GP5	0.571	
	GP6	0.700	
KMO值是0.891，卡方统计的显著性概率为0.000			
特征值		5.724	1.106
方差解释（%）		57.240	11.057
累计方差（%）		57.240	68.297
Bartlett's Test of Sphericity	Approx. Chi-Square	1242.717	
	自由度 df	45	
	显著性检验	0.000	

如表 5-12 所示，本研究对创业绩效进行效度分析的结果显示，KMO 等于 0.891，超过 0.800，同时，Bartlett 球形度检验显著性（P 值）概率为 0.000<0.010，说明创业绩效的数据相关性很高，很适合进行因子分析。

表 5-12 显示，创业绩效量表中 10 个题项提取了两个特征值大于 1 的因子，它们的方差解释度分别是 57.240% 和 11.057%，累计方差解释度为 68.297%，大于 60%。这说明创业绩效的量表对变量有着很好的解释度。

由创业绩效的旋转成分矩阵可以看出，题项 PP1、PP2、PP3 和 PP4 的因子载荷值是 0.857、0.626、0.840 和 0.631，都超过 0.600。这符合我们对创业绩效成长性的设计，说明创业绩效的成长性量表有着很好的结构效度。题项 GP1、GP2、GP3、GP4、GP5 和 GP6 的因子载荷值分别为 0.789、0.830、0.821、0.796、0.571 和 0.700，均大于 0.500，符合量表对创业绩效获利性的设计，说明创业绩效的获利性的结构效度符合数据分析的要求。

5.3.3 方差分析

方差分析主要是为了测量控制变量的不同水平能否引起观察变量的明显变化（余建英等，2003）。

本部分运用统计分析软件 SPSS20.0，探讨了创业者性别、年龄、教育水平、创业经历、企业成立年数、所属行业和企业规模对创新能力和创业绩效的影响。本部分主要使用单因素方差分析法（One-way ANOVA）进行分析，结果见表 5-13。

表 5-13　各个因素对创新能力和创业绩效的方差分析

项目	创新能力		创业绩效	
	F	显著性	F	显著性
性别	0.340	0.560	0.060	0.807
年龄	2.090	0.083	1.427	0.226
教育水平	1.423	0.228	2.812	0.027
创业次数	2.558	0.056	1.091	0.354
企业成立年数	1.641	0.165	3.359	0.011
所属行业	1.117	0.352	1.626	0.110
企业规模	4.680	0.003	6.430	0.000

如表5-13所示，创业者性别对创新能力和创业绩效的方差分析中，显著性概率分别是0.560和0.807，在5%的显著性水平无显著性差异，说明性别对创新能力和创业绩效没有显著作用。

年龄对创新能力和创业绩效的单因素方差分析中，显著性概率分别为0.083和0.226，均在5%的显著性水平上显著无差异，所以可认为创业者年龄不对创新能力和创业绩效产生显著作用。

教育水平对创新能力的显著性概率为0.228，对创业绩效的显著性概率为0.027，这说明创业者的教育水平对创新能力没有显著作用，但是比创业绩效显著。

创业次数对创新能力和创业绩效的显著性概率分别是0.056和0.354，在5%的显著性水平上无显著差异，因此认为创业次数对创新能力和创业绩效无明显作用。

企业的成立年数对创新能力的显著性概率是0.165，在5%的显著性水平上显著无差异；对创业绩效的显著性概率是0.011，表明企业的成立年数对创新能力并没有明显的作用，但是比创业绩效显著。

微型企业所处的行业对创新能力和创业绩效的显著性概率分别为0.352和0.110，说明微型企业所处的行业对创新能力与创业绩效并没有显著的影响。

企业规模对创新能力和创业绩效的方差分析得出，显著性概率为0.003和0.000，说明企业规模对创新能力和创业绩效具有显著的影响。

5.3.4 创业学习及其各个维度与创业绩效的关系分析

1.创业学习及其各个维度与创业绩效的相关性分析

相关性分析是一种常用的统计方法，它用来检验变量间相互作用的密切程度和影响方向，相关性分析是进行线性回归的前提。对各个变量进行相关分析，首先能够判断变量间是否相互作用，是否有正向或负向的关系，从而初步验证研究假设是否合适。本研究采用皮尔逊相关分析方法对变量进行相关分析。

为了验证创业学习对创业绩效的作用，本研究将创业学习分为3个维度：认知学习、经验学习和实践学习，分别从3个维度对创业绩效的作用进行了考察。数据分析结果见表5-14。

表5-14　　　　　创业学习与创业绩效之间的相关性分析

		创业学习	认知学习	经验学习	实践学习	创业绩效
创业学习	Pearson 相关性	1				
	显著性（双侧）					
认知学习	Pearson 相关性	0.727**	1			
	显著性（双侧）	0.000				
经验学习	Pearson 相关性	0.771**	0.395**	1		
	显著性（双侧）	0.000	0.000			
实践学习	Pearson 相关性	0.769**	0.257**	0.427**	1	
	显著性（双侧）	0.000	0.000	0.000		
创业绩效	Pearson 相关性	0.500**	0.515**	0.306**	0.308**	1
	显著性（双侧）	0.000	0.000	0.000	0.000	

注：** 表示在1%水平（双侧）上显著相关。

由创业学习与创业绩效之间相关分析的结果可以看出，创业学习、认知学习、经验学习和实践学习各个变量与创业绩效之间均在P<1%的水平上双侧显著，说明3种不同的学习方式与创业绩效间都存在相关关系。同时创业学习、认知学习、经验学习和实践学习与创业绩效之间的Pearson 相关性系数分别为0.500、0.515、0.306和0.308，系数均为正数，这一结果初步证明了3种学习方式与创业绩效有正向关系，与此同时，这一结果也初步验证了假设1、假设1a、假设1b和假设1c。

2.创业学习各个维度与创业绩效的回归分析

相关性分析检验了各概念间的相关关系，回归分析可验证这些概念之间有没有因果关系，即自变量能否解释因变量，能在多大程度上解释因变量，最终对本研究的理论假设做出验证。

在进行回归分析时还需要进行多重共线性诊断，从而降低因自变量高度相关而导致的回归效果不显著的可能性。多重共线性问题，是指在回归模型中某些解释变量彼此相关，即多个变量有相同的变化方向。由于样本资料的限制，经济变量的相同趋势都可能引起多重共线性。严重多重共线的出现对回归分析带来一定困难，可能对计量分析产生一系列影响，这意味着模型设定、数据收集有误。如果不能修正，则表明不能运用回归分析，因此需要对数据进行多重共线性检验。本研究选取通用的容差（Tolerance）和方差膨胀因子（Variance Inflation Factor）两个统计指标来检验概念之间的多重共线性。判定标准为：容差的取值一般在0到1之间，数值偏大表明无共线性问题，对于方差膨胀因子的判定为：当 VIF 低于10时，说明概念间没有多重共线性问题；当 $10 < VIF < 100$ 时，说明概念间有较强的多重共线性；当 VIF 大于100时，说明概念间有严重的多重共线性。

另外，本研究构建回归模型时，主要通过判定系数 R^2 和调整 R^2 等统计指标来验证回归模型的有效性。判定系数 R^2 和调整 R^2 的变动范围一般在0到1之间，数值越接近1表明回归模型的有效性越强。

本研究为了验证创业学习与创业绩效之间的关系，将创业学习作为自变量，创业绩效作为因变量，并加入控制变量的作用构建模型，分析结果见表5-15：

表5-15　　　　　　**创业学习与创业绩效之间的回归分析**

		因变量：创业绩效				
		标准化系数	t	Sig.	共线性统计量	
					容差	VIF
	常量		−3.847	0.000		
控制变量	教育水平	0.080	1.292	0.198	0.886	1.129
	企业成立年数	0.157	2.577	0.011	0.910	1.099
	企业规模	0.178	2.933	0.004	0.919	1.088
自变量	创业学习	0.443	7.392	0.000	0.943	1.061
	R^2	0.313				
	调整 R^2	0.300				
	Sig.	0.000				
	F值	23.150				

从之前的相关分析中，我们可以看到，创业学习与创业绩效的相关系数小于临界值0.800，说明可以在一定程度上避免多重共线性问题。同时在共线性诊断中，容差都大于0.700，并且方差膨胀因子都小于2，说明变量之间没有多重共线性的问题。在创业学习与创业绩效的方程中，R^2 是0.313，即自变量对创业绩效的解释度是31.3%，F值是

23.150，模型整体显著性水平显著。创业学习的标准化系数是0.443为正，且在1%的显著性水平上显著，进一步证明了认知学习与创业绩效之间有着正相关关系，即假设1成立。

另外，本研究为了验证自变量的3个维度分别与创业绩效的关系，将认知学习、经验学习和实践学习作为自变量，将创业绩效作为因变量构建了多元线性回归模型。同时，在之前的方差分析中发现，教育水平、企业成立年数和企业规模分别对模型中的各个变量有着不同程度的影响，所以在回归分析过程中有必要把它们加入进来。分析结果见表5-16：

表5-16　　**创业学习各个维度与创业绩效之间的回归分析**

		因变量：创业绩效				
		标准化系数	t	Sig.	共线性统计量	
					容差	VIF
	常量		−3.393	0.001		
控制变量	教育水平	0.054	0.870	0.386	0.848	1.179
	企业成立年数	0.154	2.574	0.011	0.906	1.104
	企业规模	0.160	2.680	0.008	0.912	1.097
自变量	认知学习	0.397	6.197	0.000	0.786	1.272
	经验学习	0.037	0.548	0.584	0.721	1.387
	实践学习	0.169	2.640	0.009	0.789	1.268
	R^2	0.351				
	调整 R^2	0.332				
	Sig.	0.000				
	F值	18.121				

从之前的相关分析我们能够了解，各个概念间的相关系数都低于0.800，说明能够在一定程度上避免多重共线性问题。同时在共线性诊断中，容差都超过0.700，并且方差膨胀因子均小于2，说明变量之间没有多重共线性的问题。在创业学习各个维度与创业绩效的回归模型中，R^2为0.351，即创业学习的3个维度对创业绩效的解释度为35.1%，且F值为18.121，模型整体显著。

认知学习的标准化系数是0.397为正，且在1%的显著性水平上显著，进一步证明了认知学习与创业绩效之间有着正相关关系，即假设

1a成立。经验学习的标准化系数是0.037为正，但在5%的显著性水平上不显著，说明认知学习对创业绩效不存在显著的正向促进作用，即假设1b不成立。实践学习对创业绩效回归关系中，标准化系数是0.169为正，并且在5%的显著性水平上显著，说明实践学习对创业绩效有正相关关系，即假设1c成立。由以上显著性可以看出，认知学习对创业绩效的积极作用大于实践学习对创业绩效的作用。

5.3.5　创业学习对创新能力的关系研究

1.创业学习各个维度与创新能力的相关性分析

为了验证创业学习对创新能力的作用，本研究分别对3种学习方式：认知学习、经验学习和实践学习与创新能力的关系进行考察。数据分析结果见表5-17：

表5-17　创业学习及其各个维度与创新能力之间的相关性分析

		创业学习	认知学习	经验学习	实践学习	创新能力
创业学习	Pearson 相关性	1				
	显著性（双侧）					
认知学习	Pearson 相关性	0.727**	1			
	显著性（双侧）	0.000				
经验学习	Pearson 相关性	0.771**	0.395**	1		
	显著性（双侧）	0.000	0.000			
实践学习	Pearson 相关性	0.769**	0.257**	0.427**	1	
	显著性（双侧）	0.000	0.000	0.000		
创新能力	Pearson 相关性	0.616**	0.550**	0.416**	0.426**	1
	显著性（双侧）	0.000	0.000	0.000	0.000	

注：**表示在1%水平（双侧）上显著相关。

由表5-17可以得出，创业学习、认知学习、经验学习和实践学习与创新能力之间均在P<1%水平上双侧显著，说明3种学习方式与创新能力之间都有相关关系。同时创业学习、认知学习、经验学习和实践学习与创新能力之间的Pearson相关性系数分别为0.616、0.550、0.416和0.426，系数均为正数，这一结果初步验证了创业学习及其3个维度与创

新能力之间存在着正相关关系，与此同时，这一结果也初步验证了假设
1、假设1a、假设1b、假设1c。

2.创业学习各个维度与创新能力的回归分析

本研究将创业学习作为自变量，创新能力作为因变量，并加入控制
变量建立回归方程，分析结果见表5-18：

表5-18　　　　　　创业学习与创新能力之间的回归分析

		因变量：创新能力				
		标准化系数	t	Sig.	共线性统计量	
					容差	VIF
	常量		−2.117	0.035		
控制变量	教育水平	0.049	0.847	0.398	0.886	1.129
	企业成立年数	0.019	0.326	0.745	0.910	1.099
	企业规模	0.144	2.558	0.011	0.919	1.088
自变量	创业学习	0.592	10.621	0.000	0.943	1.061
R^2		0.405				
调整 R^2		0.394				
Sig.		0.000				
F值		34.589				

在创业学习与创新能力的方程中，R^2等于0.405，即自变量对因变
量的解释度是40.5%，解释性很好。同时F值为34.589，模型整体显著。
创业学习的标准化系数是0.592为正，且创业学习对创新能力在1%的
显著水平上显著，进一步验证了认知学习与创新能力呈正相关关系，即
假设2成立。

另外，本研究为了验证自变量的3个维度分别与创新能力之间的关
系，将认知学习、经验学习和实践学习作为自变量，将创新能力作为因
变量构建了多元线性回归模型。同时，在之前的方差分析中发现，教
育水平、企业成立年数和企业规模分别对模型中的各个变量有着不同
程度的影响，所以在回归过程中有必要把它们加入进来。分析结果见
表5-19。

表5-19 创业学习3个维度与创新能力之间的回归分析

	因变量：创新能力				
	标准化系数	t	Sig.	共线性统计量	
				容差	VIF
常量		−1.780	0.077		
教育水平	0.032	0.554	0.580	0.848	1.179
企业成立年数	0.017	0.295	0.769	0.906	1.104
企业规模	0.132	2.354	0.020	0.912	1.097
认知学习	0.398	6.590	0.000	0.786	1.272
经验学习	0.132	2.095	0.037	0.721	1.387
实践学习	0.264	4.373	0.000	0.789	1.268
R^2	0.422				
调整 R^2	0.405				
Sig.	0.000				
F值	24.499				

在创业学习3个维度与创新能力的回归模型中，R^2 为 0.422，即创业学习的3个维度对创新能力的解释度为42.2%，解释度较高，并且修正后的 R^2 为 0.405，R^2 的值变化并不大，说明模型的解释度较高。另外，F值为24.499，模型整体显著。认知学习的标准化系数是0.398大于0.000，且认知学习对创新能力在1%的显著性水平上显著，进一步证明了认知学习对创新能力的积极作用，即假设2a成立。经验学习的标准化系数是0.132大于0.000，且在5%的显著性水平上显著，验证了认知学习与创新能力之间的正相关关系，即假设2b成立。实践学习对创新能力回归关系中，标准化系数是0.264，且在5%的显著性水平上显著，说明实践学习对创新能力有积极作用，即假设2c成立。由以上数据可以看出，经验学习对创新能力的影响比认知学习和实践学习对创业绩效的影响小。

5.3.6 创新能力与创业绩效的关系研究

1.创新能力与创业绩效之间的相关性分析

为了探讨创新能力与创业绩效之间是否存在因果关系，本研究首先对创新能力和创业绩效进行了相关性分析，结果见表5-20，这是回归分析的前提。

表5-20　　　　　创新能力和创业绩效的相关性分析

		教育水平	企业成立年数	企业规模	创新能力	创业绩效
教育水平	Pearson 相关性	1				
	显著性（双侧）					
企业成立年数	Pearson 相关性	−0.203**	1			
	显著性（双侧）	0.003				
企业规模	Pearson 相关性	0.254**	0.036	1		
	显著性（双侧）	0.000	0.606			
创新能力	Pearson 相关性	0.113	0.132	0.228**	1	
	显著性（双侧）	0.104	0.057	0.001		
创业绩效	Pearson 相关性	0.117	0.236**	0.257**	0.702**	1
	显著性（双侧）	0.093	0.001	0.000	0.000	

注：**表示在10%的水平（双侧）上显著相关。

在创新能力和创业绩效的相关性分析中，可以看出创新能力与创业绩效在1%的显著水平上双侧显著，这说明创新能力和创业绩效间有相关关系。同时创新能力与创业绩效的 Pearson 相关系数等于0.702大于0，进一步说明创新能力对创业绩效有积极促进作用，初步验证了假设3成立。

2.创新能力与创业绩效之间的回归分析

为了研究创新能力对创业绩效是否存在正向促进作用，本研究将创新能力作为自变量、创业绩效作为因变量建立了线性回归模型，并且因为教育水平、企业成立年数和企业规模分别对模型中的各个变量有着不同程度的影响，所以在回归过程中也把它们加入模型中进行分析。分析结果见表5-21。

表 5-21 创新能力与创业绩效之间的回归分析

	因变量：创业绩效				
	标准化系数	t	Sig.	共线性统计量	
				容差	VIF
常量		−3.280	0.001		
教育水平	0.052	1.009	0.314	0.883	1.132
企业成立年数	0.157	3.126	0.002	0.931	1.074
企业规模	0.088	1.726	0.086	0.892	1.122
创新能力	0.655	13.046	0.000	0.925	1.081
R^2	0.526				
调整 R^2	0.517				
Sig.	0.000				
F 值	56.292				

从之前的相关分析我们能够了解到，各个概念间的相关系数都低于 0.800，表明能够在一定程度上避免多重共线性问题。同时，在共线性诊断中，容差都超过 0.800，非常接近于 1，并且 VIF 都小于 2，综合分析可知变量之间没有多重共线性的问题。

在创新能力和创业绩效所构成的线性回归模型中，R^2 为 0.526，即创新能力对创业绩效的解释度为 52.6%，解释度较高。同时 F 值等于 56.292，模型整体显著。创新能力的标准化系数为 0.655 大于 0，且在 5% 的显著水平上显著，这表明创新能力对创业绩效有着正向的促进作用，即假设 3 成立。

5.3.7 创新能力在创业学习及其各个维度与创业绩效之间的中介作用分析

本研究在验证各个概念两两关系的同时，又进一步探究了创新能力在不同学习方式与创业绩效之间的中介作用，即创业学习对创业绩效的作用机制。

Baron 和 Kenny（1986）曾提过一个验证中介作用的方法，具体分为 3 个步骤：首先，自变量对中介变量有显著作用；然后，自变量对因变量有显著作用；最后，把自变量和中介变量与因变量同时放入模型，如果此时自变量对因变量的回归系数比第 2 个步骤中自变量对因变量的回归系数变小，同时中介变量对因变量的作用显著，那么就说明中介变量起到中介作用。其中，第 3 个步骤中，若自变量对因变量的回归系数不显著了，那么中介变量起到完全中介作用；若自变量对因变量的回归系数变小，但仍显著，那么中介变量起到部分中介作用。

本研究为了验证创新能力在创业学习和创业绩效间的作用，采用 Baron 和 Kenny（1986）的方法建立 3 个模型。模型 1 中，将教育水平、企业成立年数和企业规模作为控制变量，创业学习为自变量，创新能力为因变量。模型 2 中，将创业学习作为自变量，创业绩效作为因变量，并且加入了控制变量的作用。模型 3 中，将创业绩效作为因变量，将创业学习和创新能力同时引入模型中，加入控制变量构建模型。分析结果见表 5-22、表 5-23：

表5-22　　　创业学习与创新能力和创业绩效之间的关系研究

		模型 1			模型 2		
		标准系数	t	Sig.	标准系数	t	Sig.
因变量		创新能力			创业绩效		
	常量		−2.117	0.035		−3.847	0.000
控制变量	教育水平	0.049	0.847	0.398	0.080	1.292	0.198
	企业成立年数	0.019	0.326	0.745	0.157	2.577	0.011
	企业规模	0.144	2.558	0.011	0.178	2.933	0.004
自变量	创业学习	0.592	10.621	0.000	0.443	7.392	0.000
	R^2	0.405			0.313		
	调整 R^2	0.394			0.300		
	Sig.	0.000			0.000		
	F 值	34.589			23.150		

表5-23 创新能力在创业学习与创业绩效之间的中介作用分析

		模型3		
		标准系数	t	Sig.
因变量		创业绩效		
	常量		−3.170	0.002
控制变量	教育水平	0.050	0.983	0.327
	企业成立年数	0.146	2.887	0.004
	企业规模	0.091	1.774	0.078
自变量	创业学习	0.085	1.374	0.171
	创新能力	0.604	9.661	0.000
	R^2	0.530		
	调整 R^2	0.519		
	Sig.	0.000		
	F值	45.609		

由以上两表可以看出，模型1创业学习和创新能力的关系中，显著性概率是0.000，在1%的显著性水平上显著，所以创业学习对创新能力有着正向促进作用；模型2创业学习和创业绩效的模型中，显著性概率是0.000，表明创业学习对创业绩效有积极作用。当模型3把创业学习和创新能力同时放入模型时，创业学习的显著性概率是0.171，在5%的显著性水平上不显著，在创业学习和创业绩效间，创新能力起到完全中介的作用。

另外，为了验证创新能力在3种不同学习方式与创业绩效间的中介作用，本研究又建立了3个模型。模型4中，将认知学习、经验学习和实践学习作为自变量、创新能力作为因变量建立模型，并加入了控制变量的作用。模型5中，将创业学习3个维度作为自变量、创业绩效作为因变量，并选择教育水平、企业成立年数和企业规模作为控制变量建立模型。模型6中，选择教育水平、企业成立年数和企业规模作为控制变量，创业绩效作为因变量，创业学习3个维度为自变量，并加入了创新能力与创业学习一起分析。分析结果见表5-24、表5-25。

表5-24 创业学习3个维度与创新能力和创业绩效之间的关系研究

		模型4			模型5		
		标准系数	t	Sig.	标准系数	t	Sig.
因变量		创新能力			创业绩效		
	常量		−1.780	0.077		−3.393	0.001
控制变量	教育水平	0.032	0.554	0.580	0.054	0.870	0.386
	企业成立年数	0.017	0.295	0.769	0.154	2.574	0.011
	企业规模	0.132	2.354	0.020	0.160	2.680	0.008
自变量	认知学习	0.398	6.590	0.000	0.397	6.197	0.000
	经验学习	0.132	2.095	0.037	0.037	0.548	0.584
	实践学习	0.264	4.373	0.000	0.169	2.640	0.009
	R^2	0.422			0.351		
	调整 R^2	0.405			0.332		
	Sig.	0.000			0.000		
	F值	24.499			18.121		

表5-25 创新能力在创业学习3维度与创业绩效之间的中介作用分析

		模型6		
		标准系数	t	Sig.
因变量		创业绩效		
	常量		−2.860	0.005
控制变量	教育水平	0.035	0.675	0.501
	企业成立年数	0.144	2.871	0.005
	企业规模	0.083	1.640	0.103
自变量	认知学习	0.167	2.810	0.005
	经验学习	−0.040	−0.700	0.485
	实践学习	0.016	0.291	0.772
中介变量	创新能力	0.578	9.201	0.000
	R^2	0.544		
	调整 R^2	0.528		
	Sig.	0.000		
	F值	34.089		

如表5-24和表5-25所示，在模型4中，认知学习与创新能力的关系中，显著性水平为0.000，说明认知学习与创新能力之间的回归关系显著。在模型5中，认知学习与创业绩效的关系中，显著性为0.000，说明认知学习与创业绩效之间的回归关系显著。在模型6中我们可以看到，加入中介变量——创新能力之后，认知学习对创业绩效的标准化系数由0.397降低到了0.167，但是显著性概率是0.005，关系仍然显著，这表明创新能力在认知学习与创业绩效间起到了部分中介的作用，即假设4a部分成立。

同样由表5-24和表5-25，在模型4中，实践学习与创新能力间的关系显著，模型成立。在模型5中，实践学习与创业绩效之间的关系研究中，显著性概率为0.009，结果表明实践学习与创业绩效在P<0.01水平上关系显著。在模型6中，加入了创新能力这个中介变量之后，实践学习与创业绩效之间关系的显著性概率为0.772，在5%的显著性水平上不显著。以上数据表明创新能力在实践学习与创业绩效间起到完全中介的作用，即假设4c成立。

5.3.8 创业学习、创新能力与创业绩效之间关系的假设检验结果汇总（表5-26）

表5-26　　　　　　　研究假设检验结果汇总表

假设	假设内容	验证结果
H1	微型企业中创业学习与创业绩效呈正相关关系	成立
H1a	微型企业中认知学习与创业绩效呈正相关关系	成立
H1b	微型企业中经验学习与创业绩效呈正相关关系	不成立
H1c	微型企业中实践学习与创业绩效呈正相关关系	成立
H2	微型企业中创业学习与创新能力呈正相关关系	成立
H2a	微型企业中认知学习与创新能力呈正相关关系	成立
H2b	微型企业中经验学习与创新能力呈正相关关系	成立
H2c	微型企业中实践学习与创新能力呈正相关关系	成立
H3	微型企业中创新能力与创业绩效呈正相关关系	成立
H4	微型企业创新能力在创业学习与创业绩效间起中介作用	成立
H4a	微型企业创新能力在认知学习与创业绩效间起中介作用	成立
H4b	微型企业创新能力在经验学习与创业绩效间起中介作用	不成立
H4c	微型企业创新能力在实践学习与创业绩效间起中介作用	成立

由表5-26能够看出，微型企业中创业学习与创业绩效呈正相关关系，其中认知学习和实践学习都与创业绩效呈正相关关系，经验学习对创业绩效间的作用并不明显。微型企业中创业学习及3种学习方式都与创新能力呈正相关关系，同时创新能力也对创业绩效起显著的积极作用。在对微型企业中创业学习影响创业绩效的中间路径进行分析的结果显示，创新能力在创业学习与创业绩效间起完全中介作用，在认知学习与创业绩效之间起部分中介作用，在实践学习与创业绩效之间起着完全中介作用。

5.4　研究结论及启示

5.4.1　研究结论

本研究在梳理分析国内外相关文献的基础上，构建了创业学习、创新能力和创业绩效的关系模型，并基于相应的研究和理论基础，提出了本研究的理论假设。通过调查得到208份有效问卷，通过运用SPSS 20.0分析所得到的数据，包括描述性统计分析、方差分析、相关分析和线性回归分析等验证了不同学习方式对创新能力和创业绩效的作用，同时也验证了创新能力在不同学习方式与创业绩效间所起的中介作用。通过实证分析，得到如下结论：

（1）微型企业中创业学习与创业绩效呈正相关关系，其中认知学习和实践学习都与创业绩效呈正相关关系，而经验学习与创业绩效的关系并不显著。

在微型企业的发展过程中会面临着许多困境，比如各种资源的匮乏、缺乏商业机会的识别与利用能力、无法适应市场环境和技术环境的快速变化等。在面临现实问题的时候，创业者很难快速做出正确有效的战略决策，企业很有可能因此走向失败。针对这一问题，Cope（2011）通过对创业失败的案例进行深入分析，指出了创业学习过程的重要性。在市场经济环境呈现出高度不确定性的背景下，创业者很难依靠自身的知识实现机会与资源的匹配，创业者需要通过不断地学习，持续地获得新知识，才可以做出正确的战略决策，最终使企业获利并存活下来。

认知学习是指通过对他人的行为及其结果进行思考，或者对他人以往的经验进行消化吸收，从而帮助自己做出正确的决策，进而提高企业的绩效。很多创业者经常会通过参加各种创业培训、创业论坛、展销会等方式了解各种技术、行业以及竞争对手的信息，不断更新自身的知识，制订企业可行的战略方案等，从而提高企业的创业绩效。另外，创业者们也会通过这种方式了解一些可能导致创业失败的因素，从而可以避免陷入某种困境。实践学习强调的是通过实践活动来修正各种想法，它是重复试错的过程。企业在运行的过程中，通过顾客的评价以及供应商等的反馈信息可以了解到自身的不足，并且做出相应的改进，从而可以提高企业的绩效。所以微型企业的创业者可以通过认知学习和实践学习来不断提升自身的能力，使自己在面临复杂问题时可以做出正确的决策，使企业在竞争激烈的环境中生存下来。

从研究结果中可以看出，微型企业创业者的经验学习与创业绩效之间并不存在显著的正相关关系，这可能是由微型企业创业者的特殊性决定的。因为微型企业的创业者大部分是由步入社会不久的大学生、农民和企业下岗职工组成，这些创业者共同的特点就是没有与创业或管理相关的经验。大学生、农民和企业的下岗职工等创业者之前所从事或熟悉的领域可能与创业领域的相关性不高。农民可能主要从事农业生产、下岗职工之前可能从事生产或技术的工作、大学生之前可能主要在校园里或者在一些大型企业从事基层的工作，之前的经验对企业家经营企业的帮助不大，所以经验学习不足以对企业绩效产生明显作用。

（2）微型企业中，创业学习与创新能力呈正相关关系，其中认知学习、经验学习和实践学习都与创新能力呈正相关关系。

创业学习是创业者获取相关知识和信息的来源，通过知识与信息的积累，从而产生创新行为。刘漩华从创业知识的角度出发研究，认为组织学习是培育和提升创新行为与核心竞争力的根本途径。无论是从模仿他人行为进行思考、通过以往经验或者不断试错的方式获得知识，还是通过在实践活动中不断地摸索和领悟知识，都可以产生创新行为。创新是企业生存和发展的不竭动力，所以为了提高自身的创新能力，应该重视创业学习的重要性。

（3）微型企业中，创新能力在创业学习、认知学习和实践学习与创业绩效间起中介作用。

在证明了创业学习积极促进创新能力和创业绩效的提高之后，本研究另一个重要贡献就是验证了创新能力在创业学习以及不同学习方式与创业绩效间的中介作用。创新能力在创业学习与创业绩效中起到完全中介的作用，创业学习主要是通过实践学习、经验学习和认知学习等方式，不断丰富自身的知识储备，主要通过增强创新能力，在市场竞争中获取竞争优势，从而提升企业的绩效，使企业在快速变化的市场环境中生存下来。

认知学习不仅可以提高创业绩效，而且可以增强创新能力而间接提升绩效。创业者经常会参加创业培训、创业论坛和研讨会等，通过行业内以及跨行业的相关交流和探讨，了解市场情况以及竞争对手的信息等，进而做出产品的改进、运营模式和服务等创新，推动企业的不断发展。但是它对创业绩效的作用并不能完全通过创新行为体现出来，认知学习也对机会识别能力和资源整合能力有着重要正向促进作用（高祥、蔡莉，2013）。另外，本研究的主要调查对象是规模较小的微型企业，认知学习的能力有限，在对他人的行为和经验进行模仿和认知过程中，并不是完全通过创新行为表现出来的。

创新能力在实践学习和创业绩效间起完全中介的作用。企业在发展中通过不断的创业实践，不断地领悟和学习新的知识。当一种产品创业失败时，企业就会更了解顾客的需求，从而做出更符合市场的产品。正是在创业过程中不断地经历成功和失败，企业更了解客户和市场，最终做出产品的改进、服务方式和工艺的创新，进而提高企业的绩效。

5.4.2 研究启示

（1）微型企业创业者应该提高自身的创新意识和创新能力

通常大家都会认为微型企业创业者大多是以生存需求为主要动机的创业活动，创办企业主要是以解决自我就业和满足家庭需求等为目的。而微型企业的创业者以及员工大多是综合素质较低或者自我追求不高的人士，可能对产品、技术和管理创新等意识不强，没有认识到创新的重要意义。因此学者们关于微型企业创新的调查研究很有限。

本研究通过对微型企业的分析表明，创新能力对创业绩效有积极促进作用，并且创新能力在创业学习与创业绩效之间起着中介的作用，由此得出不断地创新可以有效地提高企业绩效。创新是一个企业持续发展的重要动力，也是企业获得持续竞争优势的核心能力，在企业的运作过程中起着非常重要的作用。增强自身的创新能力也有利于促进和提高学习效率，增强自身的核心优势，从而使企业在日新月异的市场中生存下来并获利。对于微型企业来说，本身处于竞争市场的弱势地位，要想获得竞争优势，提高企业的竞争力，必须提高在产品、工艺以及服务等方面的创新意识。尤其是对高新技术型的微型企业来说，有关产品和技术方面的推陈出新可能更加重要。

微型企业不论是在认识创新、机会识别和创新能力方面都不如大型企业，没有相对的优势。同时微型企业受到各种因素的限制，比如融资、企业规模、生产技术或者人才储备等，很多企业并不能投入足够的人力和物力进行产品、工艺和服务的创新。微型企业想要实现新型的发展模式，必须得到政府或其他部门的帮持，可以进行契约式联合等实现组团创新（刘伟，2012）。另外，微型企业可使用模仿创新的形式，通过模仿成功企业的行为，与自身发展相结合，打造自身的特色优势，满足顾客的需要，从而在激烈的竞争环境中生存下来。同时，微型企业也应该注重创新人才的吸引和培养，通过各种方式对企业中的管理人员和技术人员进行培训，提高企业人员的创新意识和创新能力，从而提高企业的绩效。

（2）重视创业过程中创业者的创业学习，提高自身的学习意识

随着经济的不断发展，以及市场经济的不断完善，微型企业的数量正在不断地增多，竞争也越来越激烈。怎样应对变幻莫测的外部环境、怎样跟其他企业进行竞争、怎样把握创业机会、怎样获取必要的资源，都是创业者会面临的困难。因此在创业过程中不断学习，通过模仿他人并进行消化吸收、反复试错等学习行为变得愈来愈关键。微型企业只有通过不断学习，持续创新，才能够不断地增强自身的核心优势，最终适

应快速变化的外在环境而实现发展。

近年来，在创业过程中不断地学习和更新知识已经得到了很多人的认可。在企业成长的动态环境下，企业只有使自身的能力不断地提升，适应变化的市场环境，才能提高自身的竞争优势。本研究通过数据收集和分析，发现认知学习和实践学习能积极促进创业绩效的提高，并且创新能力在认知学习和实践学习与创业绩效间担任着中介变量的作用。所以创业者应根据自身情况，在创业过程中注重观察和模仿成功企业的行为，并且在自身创业实践的过程中不断地学习，获取相应的知识和信息，以应对所处环境的变化。本研究结果还显示，认知学习比实践学习对创业绩效有着更大的正向促进作用，这也说明，微型企业的创业者应该在创业过程中认识到认知学习的重要作用，更加重视认知学习，同时关注实践学习。当微型企业创业者在较为复杂的环境中碰到凭个人经验不能处理的问题时，创业者可以通过观察和模仿其他成功的创业者或者向有经验的人请教，通过对他们的经验进行模仿和思考，从而做出较为正确的决策。

6 微型企业创业导向对组织绩效影响的实证研究

    随着我国各级政府对各类人员创业行为的积极倡导和扶持，大量的微型企业如雨后春笋般诞生。例如，在以民营经济为主体的浙江省，位于企业金字塔底层的就是从事各行各业的微型企业。微型企业凭借其产品、服务以及灵活的经营方式，对满足人们日益增长的多样化、个性化的物质文化需求发挥着不容忽视的作用。但是目前我国正处在经济转型阶段，市场经济还未成熟，与此同时，受经济全球化以及信息技术的影响，企业所处的外部环境发生了较为深刻的变化。因此，源于外界环境的复杂多变以及自身资源和能源的制约，微型企业面临着日益严峻的生存考验和前所未有的挑战。

    目前创业导向与组织绩效之间的关系已经得到了国内外大多数学者的验证，许多成熟的研究结果表明对于促进企业产品以及服务的创新、企业竞争能力的提高，创业导向发挥着极其重要的作用。面临日益复杂的外界环境以及激烈的市场竞争，若想求得更好的生存与发展，企业应积极采取与动态环境相适应的创业导向战略，实施创业导向战略的企业不仅可以自主行动，同时也兼备创新与风险承担的态度，当面对竞争对手的挑战时会采取积极的应战策略，当面临新的市场机会时会积极地采取超前行动。越来越多成功企业的经验向我们证明，在激烈的市场竞争环境中保持创业精神和创新精神是企业获取竞争优势的关键。因此，在复杂多变的环境中，保持创业精神无论对于大型企业、中小型企业还是微型企业都具有极其深远的战略意义。鉴于以往关于创业导向的研究很少涉及微型企业，本章以我国微型企业为研究对象，在分析和综合了以往关于创业导向与组织绩效文献的基础上，提出将市场导向作为中介变量引入到创业导向对组织绩效影响的模型中，构建了新的创业导向与组织绩效的影响机制，探讨微型企业的创业导向是如何对组织绩效产生影响的，以期可以丰富微型企业的理论研究并为其发展提供相应的理论基础和管理建议。

6.1 核心概念与相关研究综述

6.1.1 有关创业导向的研究

1.创业导向的概念

创业导向最初源于战略管理学领域学者对战略决策模式的研究，追根溯源，其理论源自战略选择理论，该观点强调企业以对市场的调查分析作为基础进行战略选择行为，从而有效地实施进入新市场的战略行为。创业导向不仅描述了企业开发新事业、积极应对内外部环境变化的一种特定的心智模式，同时也提供了有用框架用以分析企业整体精神氛围。鉴于该理论的巨大发展前景，国内外众多学者对创业理论进行了大量的研究和探索。

在创业导向的研究初期，创业导向这一概念并没有被明确提出。Miller（1983）认为创业（entrepreneurship）是一个包含有关产品市场和技术创新、承担风险和先动性行为的多维概念，并根据这些特点将企业区分为创业型企业（entrepreneurial firm）和非创业型企业（nonentrepreneurial firm）。其中创业型企业是指从事产品市场创新、敢于冒险、最先推出"有前瞻性的"创新并以一记重拳击败竞争对手的企业。而非创业型企业则很少创新、高度厌恶风险并且选择模仿竞争对手的行动而不是率先采取行动争做行业的领先者。Covin 和 Slevin（1989）认为创业导向是企业的一种战略姿态，创业型战略姿态的特点是频繁的技术和产品创新、高层管理者的积极竞争定位以及强烈的风险承担倾向。相反，保守型战略姿态的特点是最低限度的技术和产品创新、高层管理者谨慎的竞争定位以及消极的风险承担倾向。Lumpkin 和 Dess（1996）基于以往学者的研究明确提出了创业导向（entrepreneurial orientation）这一概念，并提出了利用自治性、创新性、风险承担性、先动性和竞争积极性这5个维度来描述和区分创业导向，同时将创业与创业导向的概念进行了区分。他们认为创业注重的是内容，比如企业应该进入到什么样的事业，解决的是企业业务领域的决定、产品与市场关系的指导以及企业资源的部署问题。而创业导向注重的是过程，强调管理者创业所需的方法、实践和决策风格，包括尝试有前途的新技术、愿意抓住新产品市场的机会以及积极承担风险的倾向。国内学者郑鑫（2007）认为创业导向是创业组织解决问题与响应环境变化的一系列相关活动在管理实务上的具体表征。具备创业导向的企业拥有创新和风险承担的态度，面对竞争者的挑战时积极应战，面临市场机会时超前采取行动。

本章认为，创业导向是企业在经营和决策的过程中，为了响应外界环境的变化以及实现企业愿景，所进行的具有创新性、超前行动性、风险承担性的战略决策观念与行为模式。创业导向型企业积极创新，敢于承担风险，并在面临机会时采取超前行动。

2.创业导向的维度

虽然目前国内外学者对创业导向的研究逐渐成熟，但是关于创业导向测量维度的划分仍存在很多争议。研究初期，Miller（1983）将创业导向看作创新性、风险承担性和先动性的加权总和，他认为企业在创业的过程中只有同时表现出这三个维度的特征才算具有创业导向，而只表现出一种维度的企业则不能算是具有创业导向，也就是说创业导向是一种单一维度的概念，这种观点得到了后来很多学者的认同。Covin 和

Slevin（1989）通过实证的方法证明虽然创新性、风险承担性和先动性这三个维度关注的是创业导向的不同方面，但是它们是相互联系的并且共同组成了一维的创业导向。随着研究的不断深入，Lumpkin 和 Dess 认为，对创业导向采用单维度测量的方法不仅局限了其对不同创业活动的说明程度，而且不同维度对创业导向的独特贡献也未能得以体现，所以创业导向型企业不需要同时具备所有维度的特征。Kreiser、Weaver 以及 Marino（2002）对 Miller（1983）提出的创新性、风险承担性和先动性这三个维度的测量进行了相应的实证研究，研究结果表明三个维度之间相互关联的程度很低，并且在实证的基础上，验证了彼此独立作用的三维度结构对创业导向的解释更加精准。

在总结了 Miller（1983）、Covine 和 Slevin（1989）对创业导向维度研究的基础上，Lumpkin 和 Dess（1996）加入了自治性和竞争积极性这两个维度，同时指出在特定的情境下创业导向的各个维度是相互独立的，并对组织绩效产生不同程度的影响。Lee 和 Peterson（2000）以及 Hughes 和 Morgan（2007）在其研究中均支持 Lumpkin 和 Dess（1996）对创业导向的五维度划分，Hughes 和 Morgan（2007）在其研究中总结出了对创业导向较为完整的测量方法。

目前国内学者对创业导向的研究尚未成熟，因此关于创业导向维度的划分也仍未达成一致。薛红志（2005）在探究企业创业导向对组织绩效的影响时采用了创新性、先动性、风险承担性、积极竞争性来考察和测量企业的创业导向。张映红（2005）在其研究中通过因子分析法提取了创新性、风险承担性、先动性和竞争积极性四个维度。杨阳、赵镝等（2007）在对创业导向进行研究时，采用了创新性、前瞻性行为、积极竞争性和风险承担性四个维度，并对各维度的概念进行了范围界定。胡望斌、张玉利、牛芳（2009）在对我国新企业创业导向与企业成长关系的研究中将创业导向划分为创新性、先行性、风险承担性三个维度。表6-1罗列了国内外学者对创业导向维度的不同划分观点。

表6-1 中外学者对创业导向维度的划分

学者	创业导向的测量维度
Miller（1983）； Covin & Slevin（1989）； Lumpkin & Dess（2001）； Wouter Stam & Tom Elfring（2006）	创新性、风险承担性、先动性
Ginsberg（1985）	竞争性、方案创新、新产品创新、配送创新
Zahra & Covin（1995）	创新性、风险承担性、积极进取性
Lumpkin & Dess（1996）； Lee & Peterson（2000）； Hughes & Morgan（2007）	自治性、创新性、风险承担性、先动性、竞争积极性
Jambulingam（2005）	自治性、创新性、先行性、风险承担性、积极竞争性、激励性
薛红志（2005）；张映红（2005，2008）	创新性、风险承担性、先动性、竞争积极性
张玉利（2006，2009）； 夏霖和陆夏峰（2006）	创新性、先动性、风险承担性

资料来源：根据相关文献整理。

虽然Lumpkin和Dess（1996）对创业导向维度的划分方法较为全面地概括了创业型企业应该具备的文化和特征，但是很多学者认为自治性主要描述了企业支持创新、承担风险以及先动性的行为特征，因此不能把自治性视为一个独立的维度。同时学者们也广泛地认为竞争积极性与先动性的相关性很大，很难对先动性与竞争积极性进行区分，因此目前的大部分研究均支持采用创新性、风险承担性、先动性这三个维度对创业导向进行测量分析。本章认为Covin和Slevin的三维度划分更符合微型企业的创业特点，因此，本章将创业导向分为创新性、风险承担性以及先动性这三个维度。

（1）创新性。

创新性是指面临竞争者的挑战，企业追求用有创意或新奇的解决方法来应对，包括产品和服务的开发或改进，以及执行新的管理技巧和技术①。经济学家 Schumpeter（1911）最早使用"创新"一词，并最先肯定了创新性在创业实践过程中的重要作用（Schumpeter，1934，1942）。他通过所谓的"创新性破坏"来描述经济发展的过程，即当现有市场结构被新引入的产品或服务打乱时，资源则会从现有的企业转移到新产品或服务的生产上，促使新企业的产生和持续发展，从而创造出新财富和价值。Drucker 认为，创新是创业家的特殊手段，他们将变化视为开创新企业或服务的机遇，并凭借一系列的创新活动更新企业原有产品和服务，创造出了新的消费者需求。Roberts（1999）提出，一项产品或服务的创新，在刚刚引入阶段市场竞争程度很低，领先创新者则会因此获取高额的利润，随着竞争对手模仿出类似产品或者替代品的出现，利润随之下降。由此可见，创新性是创业导向的一个重要维度。

（2）先动性。

先动性是指企业预测到未来需求的变化可能带来的机会，率先采取行动以此来领先产品或品牌竞争的倾向，如企业领先于同行业的竞争者推出新的产品或服务或者策略性地退出处于企业生命周期中成熟或衰退阶段的事业②。因此，具有前瞻性的企业是行业的领先者而不是追随者，因为它们有足够的决心和远见，抓住新的机遇。Miller（1983）认为先动性是指企业在追求竞争优势和目标、超越竞争对手等方面所表现出来的侵略性。Dess 和 Lumpkin（2001）指出，先行性是企业在预测其市场地位、创造先进入者优势的欲望和需求的姿态。

先动性主要描述了企业如何通过捕捉原始信息来抓住市场机会，并适时适当地调整企业的发展策略，从而为在市场上占取领先地位、获得领先优势奠定基础。它是创新企业得以生存和发展的重要影响因素，并将直接决定企业获得新机会的可能性。企业凭借超前的意识和行为进行最快的决策和判断，通过预测新的市场需求或新产品、新服务成为先发者，并因此赢得有利的竞争优势，获取一定的市场份额。

---

① KNIGHTGA. Cross-cultural reliability and validity of a scale to measure firm entrepreneurial orientation [J]. Journal of Business Venturing，1997（12）:213-225.

② VENKATRAMANN. Strategic orientation of business enterprises: the construct, dimensionality and measurement [J]. Management Science，1998（35）: 942-962.

（3）风险承担性。

风险承担性是指即使可能遭受代价惨重的失败，管理者仍愿意将大量的资源投入到不确定事业中的承诺。因此，企业的冒险行为可以作为企业创业导向的典型代表，例如企业遭受了沉重的债务危机、做了大量的资源承诺，以及通过抓住市场机会而获得高额利润①。Dess 和 Lumpkin（2005）将组织和管理者在经营管理中所面临的风险分为三种，即业务风险、财务风险以及个人风险。

风险承担倾向的建立需要依赖于企业家的胆识，它促使企业管理者甘愿承担风险从而对能为企业带来高额利润的风险项目等做出投资决策。如果企业对未知风险的承受能力较强，那么面临风险时企业则会倾向于将大量资源投入到高风险高报酬的投资上。通常企业的风险承担特质与企业的战略决策速度是相关的，并且二者对组织绩效均有正向的促进作用②。Ireland 等（2001）认为创业者与冒险家不同，企业家并不是在寻求风险，而是谨慎地评估风险与报酬之间的关系，以增加成功的机会。对于创业型的企业而言，无论是先行行动还是强调创新，企业都需要大胆地采取行动，承担一定的风险。

6.1.2　有关市场导向的研究

1.市场导向的概念

市场导向这一概念最早由学者 Drucker（1954）提出，并在20世纪80年代末、90年代初发展起来。作为一种以营销观念为理论基础的经营哲学，它是在营销领域中生产观念向营销观念的转化过程中形成的。自20世纪90年代末至今，市场导向领域受到了国外学术界的关注和重视，针对市场导向的概念、度量以及其与组织绩效的关系，不同学者从多种角度进行了深入的探讨和研究，并逐渐建立起一套相对系统的市场导向理论基本框架。

Shapiro（1988）认为市场导向是组织的决策过程。决策过程的核心

---

① MILLER D, FRIESEN P H. "Strategy-making and environment: the third link" [J]. Strategic Management Journal, 1983, (4): PP221-235.
② BAIRDIS, THOMASH. Toward a contingency model of strategic risk taking [J]. Academy of Management Review, 1985 (10): 230-243.

是部门间信息的共享。Deshpande、Farley（1997）将市场导向定义为部门之间的流程和活动，旨在根据客户需求的持续评估来不断地创造并满足顾客。学者们因研究角度的不同对市场导向的观点仍存在争议，但目前比较典型且具有代表性的两种观点即市场导向文化观和市场导向行为观。

2.市场导向文化观

Narver 和 Slater（1990）是市场导向文化观的最早提出者，他们认为"市场导向是一种组织文化，这种文化可以使组织最有效地产生必要的行为，从而为顾客创造卓越价值，进而使企业获得持续的卓越绩效[1]"。Hurley 和 Hult（1998）从企业文化的角度研究市场导向，认为企业文化是成员间共享的价值观念以及行为规范，它有助于市场导向充分发挥作用。Homburg 和 Pflesser（2000）基于前人的研究完善了市场导向文化观。他们认为，市场导向文化观应该包含四个组成部分：支持市场导向的组织范围内共同的价值观、市场导向的准则、市场导向的规章制度、市场导向行为。

Narver 和 Slater 认为可以用五个维度来度量企业的市场导向程度，分别是行为要素——顾客导向、竞争者导向、跨部门协调以及决策准则——长期观点和利润导向。但是他们的实证分析在剔除了长期观点和利润导向两个维度的信度系数低于可接受的显著性水平的维度后，最终确定了度量市场导向的三个维度：顾客导向、竞争者导向与跨部门协调，并开发出了测量市场导向程度的 MKTOR 量表。

（1）顾客导向是指为了持续提高顾客的满意度，企业在充分了解和准确预测顾客的需求以及变化趋势之后，创造出符合顾客价值的产品。

（2）竞争者导向是指企业为了获取竞争优势，对现有和潜在竞争对手的能力、行为和战略进行全面分析，同时制定相对长远的竞争战略。

（3）跨部门协调是指企业协调利用内部资源创造出卓越的顾客价值，跨部门协调为客户创造的价值远比单一职能部门创造的价值多。

---

① BAIRDIS, THOMASH. Toward a contingency model of strategic risk taking [J]. Academy of Management Review, 1985（10）: 230-243.

3.市场导向行为观

Kohli 和 Jaworski（1990）作为市场导向行为观的代表者，认为市场导向是一系列包括组织范围内有关现有顾客以及未来潜在顾客需求的市场信息的产生、组织内部间的传播扩散以及组织对市场信息所做出的响应。因此市场导向是"以市场信息为中心所展开的一系列程序"。基于此，Kohli 和 Jaworski（1990）把市场导向视为一种信息管理的过程，该过程的重点在于搜集有关现有顾客与竞争对手的市场信息，将搜集到的信息进行跨部门的传播，并最终根据相应的市场信息选择目标市场以及制定公司的营销策略。因此，市场导向应该包含三个维度，即市场信息的产生、市场信息的传播以及对市场信息的响应。Kohli、Jaworski 以及 Kumar（1993）根据 Kohli 和 Jaworski（1990）所提出的市场导向的三个维度设计了一份度量市场导向程度的问卷即MARKOR 量表。

（1）市场信息的产生是指组织对有关顾客需求和偏好的信息集，以及对影响这些需求和偏好的外生影响因素的分析。

（2）市场信息的传播是一个双向的动态过程，是指企业将搜集到的市场信息通过正式和非正式渠道传递给组织内部各个部门及员工，通过信息的共享来促进各部门间以及员工间的协作，以此来提升组织绩效。

（3）对市场信息的响应是指组织内部各部门以及员工在深入分析所搜集到的市场信息的基础上，所进行的相应决策活动和营销行为。

虽然市场导向的文化观和行为观在表述上不尽相同，Narver 和 Slater（1990）主要从战略层面来定义市场导向，而 Kohli 和 Jaworski（1990）则是从组织行为视角来定义市场导向。但二者并不互相矛盾，它们均强调满足消费者需求的重要性、对竞争对手保持关注的重要性、部门之间信息共享与沟通合作的重要性，致力于使企业对复杂变化的外部环境迅速做出反应，从而获取核心竞争优势，不断提高企业的总体绩效水平。本章认为市场导向文化观对市场导向的描述更为准确和深入，正如 Narver 和 Slater（1998）所言，如果市场导向仅仅是一种与更深层的企业文化毫无关联的组织行为，那么市场导向可以很轻易地被移植到任何企业，而这明显不符合实际情况①。市场导向是一套贯彻于整个企业的态度和信念。如果企业忽略了更深层次价值观的渗透，只是一味地重视消费者的动态，那么将会对企业顾客导向的执行产生不利影响。Narver 和 Slater 进一步提出市场导向的核心是企业文化，而不是市场信息的产生、分享以及对其做出的响应，因此本章支持市场导向的文化观。

6.1.3　有关组织绩效的研究

许多学者认为组织绩效是企业整合内外部资源、企业的战略决策以及企业外部环境的结果。组织绩效是企业竞争能力的一种体现，但是目前为止，学者们关于组织绩效的定义以及测量维度并没有得出一致的结论。Venkatram 和 Ramanujam（1986）在其研究中采用了财务绩效、运营绩效以及组织效能三个测量维度来衡量企业的绩效水平，其中财务绩效包括销售增长率、投资回报率、每股市价；运营绩效包括市场占有率、产品质量、新产品开发；组织效能包括利益相关者目标满足程度。Lumpkin 和 Dess（1996）、Dahlqvist 和 Davidsson（2000）利用企业的成长性和获利性来测量企业绩效的水平。国内学者杨晓华（2007）则采用任务绩效和周边绩效来衡量企业绩效。其中任务绩效包含任务熟练、工作有效完成；周边绩效包含人际促进、工作投入。本章通过对以往文献的梳理总结，认为比较具有代表性的测量方法有以下两种。

1.客观绩效与主观绩效

企业的客观绩效即企业的财务指标，包括企业市场占有率以及反映在财务报表中的销售增长率、利润率以及营业额。虽然这种衡量方法较为简单，但是其效果却并不理想。一方面，在一般情况下，获取企业的客观数据存在一定的困难。Covin 和 Slevin（1988）认为对于小企业来说，它们经常无法提供也并不愿意提供企业的财务数据以供研究使用，而且小企业的财务数据并不是对外公开的，所以即便获得了企业的财务数据，也无法保证所获数据的真实性。另一方面，Covinetal（1994）认

---

①　JOHNC，NARVER，SLATER，et al. Additional thoughts on measurement of market orientation：a comment on deshpande and farley［J］. Journal of Market Focused Management，1998（2）：233-236.

为处于不同生命周期的企业其关注的重点不同，对于处在成长期的企业，为了追求长远利益企业经常会以放弃眼前利益作为代价。然而，对于处在衰退期的企业，企业有时会通过杀鸡取卵的方式以获取短期的高额利润，这时反映在客观数据上的结果必然是前者的绩效水平低于后者的绩效水平，所以在这种情况下如果使用较为简单的客观财务指标来衡量组织绩效则会得到与事实完全相反的结论。Covin 和 Slevin（1989）提出了采用主观绩效来衡量组织绩效的评价方法。主观绩效主要强调从企业管理者或企业员工的主观感受这一角度来评价企业的绩效，从而来衡量企业与竞争者相比时的绩效水平，主要包括感知的市场份额增长、感知的销售增长、感知的现金流变化等。这些主观指标通常以"非常好"、"非常差"、"比较好"、"比较差"或是"非常满意"、"非常不满意"、"比较满意"、"比较不满意"等定性的测量题项来反映企业的绩效水平。主观绩效衡量方法不仅可以提高数据的可获性，而且在多行业的研究中，可以避免客观方法受不同行业特征影响这一缺陷。很多研究也已经证明客观绩效与主观绩效二者的精确性有较高的相关度。Naman 和 Slevin（1993）以及 Covinetal（1994）在其研究中尝试同时采用客观绩效与主观绩效来衡量组织绩效，结果表明客观绩效与主观绩效的结合比单独使用任何一种指标更能得到正确的结论。

2.财务绩效与非财务绩效

财务绩效以企业的经营收益为基础，是衡量绩效的基础指标，许多学者认为财务绩效比较容易获得，所以早期对组织绩效的衡量大多采用财务绩效。这其中包括企业最为关注的净利润率、销售利润率、投资收益率和总资产收益率等指标。但是部分学者研究发现，单纯的财务绩效并不能全面地反映企业的生产经营和管理水平，而且过分强调企业的财务绩效反而容易导致企业因为注重短期利益的获取而忽略了企业的长远发展战略。因此在创业研究中企业的非财务绩效越来越受到关注和重视。Homburg 和 Pflesser 在其市场导向与企业绩效的关系研究中同时采用了财务绩效和非财务绩效两个维度来衡量企业的绩效水平，并引入市场绩效来反映企业的非财务绩效，同时采用顾客满意度、顾客忠诚度、顾客从企业的产品和服务中所感受到和获取的价值、员工满意度、员工能力与忠诚度以及市场占有率等指标来测量企业的市场绩效①。国内学者李丹（2007）在其实证研究中综合采用了企业的财务绩效和非财务绩效来衡量企业的组织绩效。其中，财务绩效主要反映了企业经营的财务状况，如销售增长率、市场份额、利润率等；非财务绩效则主要通过员工满意度来衡量。成长性绩效也是创业研究中使用频率较高的一项非财务指标，Covin 和 Slevin（1991）指出，可用成长性和获利性两个维度来衡量创业型企业绩效。Lumpkin 和 Dess 认为，财务指标和成长性绩效表现的是绩效的不同方面，分别显示了企业的一些重要信息②，因此，将两种考核绩效水平的指标结合起来使用的效果可能比分开来效果更好。Ireland 等学者（2005）在其研究中指出，公司的成长绩效与财务绩效密切相关。因为公司的发展可以为公司实现丰厚的利润目标，而丰厚的利润又可以为公司的进一步发展奠定坚实的财务基础。

Lumpkin 和 Dess（1996）认为对于私营的小企业来说，虽然企业不会拥有较卓越的资产回报或者市场份额的增长，但是企业的长远生存却可以成为其满意的高绩效衡量指标。因此，对于小企业而言，企业的非财务目标更能反映组织绩效的水平。

综上所述，创业学者对组织绩效的测量方法持多种不同的观点，本章认为利用获利性（profitability）和成长性（growth）这两个维度来测量微型企业的组织绩效会得到更为全面有效的结果。

3.创业导向与组织绩效之间的关系研究

关于创业导向与组织绩效之间的关系，国内外学者进行了大量的实证研究，由于研究背景与研究设计的差异，学者们对二者之间的关系并没有达成一致的看法。本章基于以往的相关研究，总结出创业导向与组织绩效的四种关系：

（1）创业导向与组织绩效正相关。大多数学者认为创业导向对组织绩效起到了积极的促进作用，并且很多学者已经通过简单的双变量模型验证了二者之间的正相关。Zahra 和 Covin（1995）通过对三个不同样本的研究检验了创业导向与组织绩效之间的关系，研究结果均表明企业的

---

① 郑贤铭. 市场导向理论研究综述 [J]. 科技管理研究，2010，（10）：107-109.

② LUMPKIN G T, DESS G G. Clarifying the entrepreneurial orientation construct and linking it to performance [J]. Academy of Management Review，1996，21:135-172.

创业导向与组织绩效正相关。Wiklund（1999）通过对大量瑞士小企业的研究发现创业导向与组织绩效的关系强度会随着时间的推移而逐渐增强。这些实证研究结果表明创业导向对组织绩效的促进作用是长期和持续的。国内学者杨阳、赵镝、宿凌楠（2007）选取长春市217家经营未超过三年的高技术企业作为调查研究对象，并验证了企业的创业导向与组织绩效正相关。

（2）创业导向与组织绩效负相关、不相关或微弱相关。很多学者关于创业导向与组织绩效之间关系的实证研究却得出了完全不同的结果。Hart（1992）认为，在某些特定的情形下，例如在命令型和自律型这两种极端的决策制定模式下，创业导向甚至可能与组织绩效负相关；Morris 和 Sexton（1996）研究发现创业导向与企业销售增长率正相关，但是与利润增长率并无显著的相关关系；Sapienza 和 Grimm（1997）的研究表明创业导向与组织绩效不关联；Auger 和 Barni 等（2003）研究发现创业导向与组织绩效之间并不存在显著的相关性；Matsuno、Mentzer 和 Ozsomer（2002）发现创业导向与组织绩效无直接显著关系，只有通过市场导向的中介作用，两者才显著正相关。

（3）在创业导向与组织绩效关系中引入调节变量。随着创业学界对创业导向研究的层层深入，很多学者开始认为创业导向与组织绩效的关系会受到诸多因素的权变影响。因此，学者们从权变角度出发，将调节变量引入到创业导向对组织绩效影响的研究中，以便更为准确、深入地研究两者之间的关系。Lumpkin 与 Dess 主要把这些权变因素分为内部组织变量和外部环境变量。其中组织变量包括企业规模、组织结构、企业高管特质、战略决策过程等诸多变量。环境变量则主要包括环境动态性和环境敌对性。Covin 和 Slevin（1988）运用调节回归分析的方法，对80家美国制造业企业进行了研究分析，结果表明，不同的组织结构与企业创业导向的组合将会对组织绩效产生不同的影响。Zahra（1993）的研究结果表明，通过创新活动、承担风险以及超前行动的策略，当企业处于动态环境中时，创业导向与组织绩效间存在很强的正相关，而相反，这种关系在静态的环境中则会出现负相关。Wilkund 与 Shepherd（2003）在其研究中引入基于知识的资源作为调节变量，结果显示其对创业导向与组织绩效之间的关系起到了正向调节作用。国内学者薛红志（2005）将竞争战略作为调节变量，并通过实证分析得出，在不同的竞争战略下创业导向各维度对组织绩效的影响不同，对于实施差异化战略的企业，创业导向的创新性、冒险性、先行性会显著地影响组织绩效；而对于实施成本领先战略的企业，创业导向的创新性以及竞争积极性会显著影响组织绩效。Lumpkin、Wales 和 Ensley（2006）将企业年限作为调节变量引入到创业导向与组织绩效之间关系的研究中，研究结果表明对于年限较长的企业来说，企业的风险承担能力与创新能力越强，组织绩效水平越低；积极竞争能力与超前能力越强，组织绩效水平越高。

（4）在创业导向与组织绩效关系中引入中介变量。Lumpkin 和 Dess认为促成组织创新活动和创业过程成功的重要因素之一是组织中有效的整合行为和过程，同时也是创业导向有效转化为组织绩效的中介变量，这些中介变量的引入，不仅揭示了创业导向转化到组织绩效的中间路径，而且可以有效地解释创业导向通过何种作用机制影响组织绩效。目前用以探讨企业创业导向转化到组织绩效的中间路径比较有代表性的中介变量为：市场导向、组织学习以及网络战略。Jaworski 等（1993）利用回归分析的方法验证了企业的创业导向对企业利润和销售增长率的影响是通过市场导向的中介作用实现的。Blesa（2003）通过实证研究证明市场导向是创业导向影响组织绩效的中介变量。通过市场导向的中介作用，创业导向对企业的销售增长率以及利润产生影响。国内学者李琰、焦豪（2008）通过实证研究证明，组织学习是创业导向对组织绩效产生影响的中介变量。创业导向通过组织学习的中介作用对组织绩效产生正向的影响。Stam 和 Elfring 认为网络战略是创业导向与组织绩效关系的中介变量，其通过实证研究发现，企业在整个行业中的重要程度以及企业与行业外组织的链接程度，在创业导向与组织绩效的关系中发挥着中介效应。高创业导向的企业，可以通过构建不同的社会网络，对组织绩效产生正向的影响。

4.市场导向与组织绩效之间的关系研究

许多学者从理论上推断企业的市场导向可以导致卓越的组织绩效，他们认为企业可以通过为顾客带来比竞争对手更高的价值来获得竞争优势，而持续的竞争优势有助于企业获取卓越的组织绩效。学者Slater和Narver（1994）以及Baker和Sinkula（1999）认为市场导向可以促进企业加快新产品的开发速度，提高顾客满意度，提升企业的效能，进而影响组织绩效。

Narver和Slater（1990）以一家美国企业的113个战略事业单位作为研究样本，采用MKTOR量表来度量市场导向的程度，结果证实企业的市场导向与资产回报率之间呈现正向的相关关系；Jaworski和Kohli（1993）则以美国的102家企业作为研究样本，利用MARKOR量表来测量市场导向的程度，研究证明企业的市场导向与组织绩效正相关。此后，Deng和Dart（1994）通过对选取的加拿大样本企业的研究证明了企业的市场导向与组织绩效之间存在显著的相关关系。Sin和Tse（2003）选择中国企业进行研究，通过对中国北京、上海、广州和香港四个城市的研究发现，以美国市场环境为基础设计的市场导向度量量表在中国仍然适用，并且市场导向对组织绩效有正向的促进作用。Langerak（2003）等学者分别通过实证研究证实企业的市场导向与组织绩效之间存在正相关。国内学者何培旭（2010）的研究结果也表明企业的市场导向对组织绩效有正向的促进作用。众多实证研究均证明企业的市场导向可以提高组织的绩效水平。这些学者认为市场导向型的企业将市场导向作为企业经营管理的基本理念，企业通过所获取的市场信息分析顾客的现有及未来潜在需求，从而开发出符合顾客需求的新产品，促进了组织绩效的提升。

6.2　研究设计

6.2.1　研究模型框架

本章将创业导向作为自变量，将市场导向作为中介变量，将组织绩效作为因变量，旨在探讨微型企业创业导向及其各维度对组织绩效的影响，以及市场导向在二者关系中所发挥的中介作用。通过对以往研究的总结，本章采用创新性、先动性以及风险承担性这三个维度对创业导向进行测量，采用成长性和获利性两个维度对组织绩效进行测量。

本章的研究结构模型框架如图6-1所示。

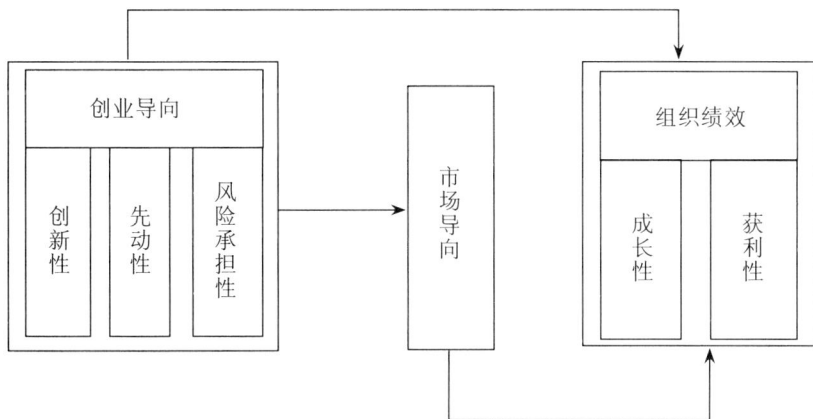

图6-1　研究结构模型框架

6.2.2　研究假设

1.微型企业创业导向与组织绩效的关系

国内外的大多数学者已经通过大量的实证研究证实了企业的创业导向对组织绩效有正向的影响作用。从理论的角度进行分析，首先，拥有创业导向的企业可以通过持续的创新不断地推出优于、异于竞争对手的产品和服务，从而为企业带来不断增长的收益。其次，具有创业导向的企业所表现出来的先动性特质，使企业具有先于竞争对手对市场机会做出快速回应的能力。因此具有创业导向的企业可以凭借创业导向的特质使企业获得较高的市场占有率和利润率。基于此，本章提出如下假设：

H1：微型企业的创业导向与组织绩效正相关。

微型企业的创新性反映了企业支持并致力于新的想法以及创意过程的倾向，从广义来看，企业的创新性可以有很多形式，包括从简单意愿的提出到新产品推出的一系列活动，以及学习并掌握最新的产品和技术的承诺。企业通过产品和技术的创新赋予了资源新的能力，创造出了与众不同的产品，扩大了企业创造利润的空间。Dess和Lumpkin（2005）认为企业通过合理有效地提高创新性可以获得竞争优势以及企业发展所需的资源，具体的方式有产品市场创新、技术创新等。Chow（2006）

指出企业创业的能力对于组织绩效和提高企业利润的独特竞争力具有重要的影响力①。基于此，本章提出如下假设：

H1a：微型企业的创新性与组织绩效正相关。

微型企业的先行性反映了企业的前瞻性视角和寻求机遇的行动（Lumpkin 和 Dess，1996）。Miller 和 Friesen（1983）指出企业的先行行为可以产生更高的组织绩效。Lengnick Hall（1992）认为，可以率先研发出新产品或新工艺的企业是采取创业导向战略的，在一般情况下，这些企业都能获得较高水平的组织绩效。Dess 和 Lumpkin（2005）认为企业的先动行为可以为企业获取先发优势：一方面，当企业领先推出某种新型产品或服务时，行业内并没有相应的竞争对手与其争夺市场份额，所以企业便能够在短期内获得高额的利润；另一方面，先行的企业可以较早地获得消费者对其品牌的认知，并在维持其自身影响力的同时拥有一定的市场占有率。基于此，提出如下假设：

H1b：微型企业的先动性与组织绩效正相关。

微型企业的风险承担性反映了企业不顾结果大胆采取行动抓住发展机遇的意愿。Chow（2006）认为创业绩效好的组织大多敢于承担风险，并试图开发新机会以创造更好的组织绩效。然而具体化到企业实际的经营过程中，往往冒险尝试的行为都会提高企业的绩效水平，从长远来看风险承担性也可能创造较高的组织绩效。基于此，本章提出如下假设：

H1c：微型企业的风险承担性与组织绩效正相关。

2.微型企业创业导向与市场导向的关系

创业导向和市场导向是组织的战略导向，二者决定了组织成员处理问题的方式以及应对环境变化所做出的反应。采取创业导向可以为组织营造出一个鼓励组织成员积极创新、承担风险的内部文化环境，采取市场导向则可以为组织营造出一个积极关注顾客的需求，使顾客满意的内部文化氛围。也就是说，组织的创业导向和市场导向可以使组织的战略决策和执行行为达成一致。然而，一些学者的研究指出两种导向并不是并列存在的关系，创业导向对市场导向有直接的影响。虽然创业导向和

---

① CHOW I H. The relationship between entrepreneurial orientation and firm performance in China [J]. Academy of Management Journal，2006（3）:11-21.

市场导向均可以通过为组织创造独特的竞争优势对组织的绩效水平产生正向的促进作用，但两者对组织绩效产生影响的作用机制并不相同。采取创业导向的组织主要是通过推出创新的产品或服务、先于竞争者发起行动、勇于承担风险等战略行为来增强自身的竞争优势，从而提升组织绩效水平。而采取市场导向的组织则主要是通过持续关注市场环境、竞争对手的动态以及顾客现有及潜在需求的变化以协调组织内部的资源，从而创造出更优的顾客满意，进而提高组织绩效。创业导向型的组织如果可以有效地将创业导向和市场导向协同，将有助于组织更好地关注和了解现有及潜在顾客的需求、竞争对手的能力以及外部环境的其他因素，从而提升组织满足顾客需求的能力。国内学者蒋峦、谢俊、谢卫红（2010）通过选取珠江三角洲地区制造企业作为研究对象，并通过实证研究的方法证明了企业的创业导向对市场导向有正向的影响作用。Matsuno 等（2002）认为，在创业导向的维度中，创新性鼓励并促进企业推出全新的产品或者服务，并将更多的资源投入到注重竞争对手的动态以及顾客需求的变化中；先动性有助于组织识别新的市场机会，并事先推出优于竞争对手的产品或服务，同时超越顾客预期；而风险承担性则使企业及员工更愿意从事具有风险性的活动，从而在激烈的市场竞争环境中更积极主动地回应市场需求[①]。并且，他们通过相应的实证研究也证实了创业导向对市场导向有正向的影响作用。基于此，本章提出以下假设：

H2：微型企业的创业导向与市场导向正相关。

3.微型企业市场导向与组织绩效的关系

许多学者认为，市场导向可以通过组织成员间共享的行为规范和价值观念将组织的各种资源以及不同部门间的各项流程有效地整合起来，为企业创造最优的顾客价值，进而提高组织绩效的水平。Naver 和 Slater 以美国企业为实证研究样本并验证了市场导向对组织绩效存在积极促进作用，国内学者赵霞（2011）以陕西企业作为研究对象，实证研究结果表明市场导向与组织绩效正相关。基于此，本章提出以下假设：

---

① MATSUNO K, MENTZERJT, ZSOMERA. The effects of entrepreneurial proclivity and market orientation on business performance [J]. Journal of Marketing, 2002 (66): 18-32.

H3：微型企业的市场导向与组织绩效正相关。

4.微型企业市场导向在创业导向与组织绩效间的中介作用

在探究创业导向转化到组织绩效的中间路径时，许多学者的研究结果已经证明市场导向在二者的关系中发挥着中介作用。从理论上来讲，采取创业导向战略的企业通过积极主动地发现并满足消费者的现有及潜在需求来创造顾客价值，获取先行者的竞争优势，进而提升组织的绩效水平。学者 Baker 和 Sinkula（2009）认为，强创业导向的企业可能会主动搜集市场信息，进而识别出有利的市场机会，但如果不能将企业战略切实地落实到企业的市场活动中，企业则无法从中获得价值，更无法获得长远的生存以及发展条件。因此，企业需要将创业导向的战略与市场导向的行为结合在一起以此来保证组织绩效的实现。Matsuno 等学者（2002）的研究结果表明，组织的创业导向和市场导向具有显著的相关关系。同时若无市场导向的中介作用，创业导向并不能直接地对组织绩效产生正向的促进作用。国内学者李雪灵等（2010）在其研究中选用吉林、广东、河北等地的企业作为研究对象，对新企业创业导向的创新性、先动性以及风险承担性三大维度与企业创新绩效之间的关系进行了实证分析，并验证了积极型市场导向在新企业创业导向与创新绩效的关系链条中发挥着中介作用。学者 Blesa（2003）通过实证研究证明企业的创业导向通过市场导向这一中间路径对企业的销售增长率以及收益水平起到了积极的促进作用。国内学者李雪灵、姚一玮、王利军（2010）在其研究中探讨了新企业创业导向的创新性、先动性以及风险承担性三大维度对企业创新绩效的不同影响，并验证了积极型市场导向在新企业创业导向与创新绩效间发挥着中介作用。基于此，本章提出以下假设：

H4：微型企业的市场导向在创业导向与组织绩效间发挥中介作用。

6.2.3 问卷设计

1.对于创业导向的测量

对于创业导向的测量，主要参考了 Covin & Slevin（1989）和 Lumpkin & Dess（2001）所开发的量表，对创业导向的各维度进行测量，并使用 Likert 五级打分法进行打分测量，得分越高，证明企业的创业导向水平越高。创业导向测量量表见表6-2。

表6-2　　　　　　　　　　　　**创业导向测量量表**

维度	测量条目
创新性	在过去三年里，本企业推出了很多新产品/服务
	在过去三年里，本企业对现有产品/服务组合进行了大幅度的改变
	本企业非常重视通过持续创新提高竞争实力
风险承担性	本企业更偏好那些可能会获得高回报的高风险项目
	面对不确定性情况进行决策时，本企业倾向于采取积极的行动来抓住机会
	为了实现经营目标，本企业更倾向于采取大胆而迅速的行动
先动性	本企业经常率先推出新产品/服务、管理技巧和生产技术等
	本企业会先于竞争对手发起竞争行为，迫使竞争对手做出回应
	总体上，本企业倾向于自己率先引入新产品/服务和新方法，而不等别人引入后再跟着引入

量表参考主要来源：① COVIN J G, SLEVIN D P.Strategic management of small firms in hostile and benign environments［J］. Strategic Management Journal，1989（10）：75-87.

② LUMPKIN G T， DESS G G.Linking two dimensions of entrepreneurial orientation to firm performance：the moderating role of environment and industry life cycle［J］. Journal of Business Venturing，2001，16：429-451.

2.对于市场导向的测量

对于市场导向的测量，已有多位学者开发了相应的测量量表，其中较具影响力的量表包括 Narver 和 Slater 开发设计的 MKTOR 量表以及 Kohli 和 Jaworski 开发设计的 MARKOR 量表，后来学者的研究大多以这两个量表作为基础设计量表，或者根据研究样本的特点对指标进行相应的修改。根据两种量表的通用性、指标设计准确性以及指标间的相关性等进行研究发现，MKTOR 量表在不同国家、不同行业的适应性和通用性要优于 MARKOR 量表的指标。在量表的信度和效度方面，MKTOR 量表的信度高于 MARKOR 量表的信度而且对绩效的解释力也较高。本章认为市场导向是一种企业文化，所以本章采用了 Narver 和 Slater 设计的 MKTOR 量表，并针对微型企业的特点筛选和修改了部分题项，最终确定了6个题项用以测量微型企业的市场导向。市场导向测量量表见表6-3。

表6-3 市场导向测量量表

	测量条目
市场导向	实现顾客满意是本企业的经营目标之一
	本企业一直非常了解现有顾客和潜在顾客的需求
	本企业十分注意售后服务质量的改进
	本企业凭借自身的竞争优势获得了顾客的青睐
	本企业很重视收集和分析竞争者的信息
	本企业能够对竞争对手的行动做出快速反应

量表参考主要来源：NARVER，SLATER.The effect of a market orientation on business profitability [J]. Journal of Marketing, 1990（10）：20-35.

3.对于微型企业组织绩效的衡量

对于微型企业组织绩效的衡量，本章采用 Covin 和 Slevin（1991）对组织绩效的衡量观点，即采用企业的获利性和成长性两个维度对其进行主观测评，题项中有四项源于 Chandler 和 Hanks（1993）的问卷，另外两项（即第2项和第5项）源自 Gupta 和 Govindarajan（1984）的问卷。最终选取6个测量条目来反映组织的获利性和成长性这两个维度的水平，同时采用 Likert 五级打分法。组织绩效测量量表见表6-4。

表6-4 组织绩效测量量表

维　度	测量条目
获利性	与竞争对手相比，本企业盈利能力很强
	预计本企业规模将继续扩大
	本企业一直保持较高的利润率
成长性	与竞争对手相比，本企业销售额增长很快
	与竞争对手相比，本企业主营业务产品/服务市场份额的占有率增长很快
	本企业一直保持充裕的现金流

量表参考主要来源：① HANKS CHANDLER Resource based capabilities，strategy， and venture performance [J]. Frontiers of Entrepreneurship Research, 1993（6）：45-55.

② GUPTA GOVINDARAJAN Business unit strategy， managerial characteristics，and business unit effectiveness at strategy implementation [J]. Academy of Management Journal, 1984（1）：25-41.

6.3 实证研究

6.3.1 样本选择与问卷发放

　　鉴于本章的目的是探究微型企业创业导向及其各维度与组织绩效之间的关系并验证市场导向在二者关系链条中所发挥的中介作用，因此根据的研究目的，本章主要选取微型企业作为研究样本，其中接受现场调查的微型企业主要分散在大连、沈阳、锦州和北京，而通过电子邮件接受网络调查的微型企业主要分散在上海、深圳、重庆、武汉等地。

　　为了保证调查问卷的科学有效性，本章的问卷调查经历了试调查、修改以及正式发放三个步骤，对于调查问卷的发放与回收主要采取了现场填表和电子邮件相结合的方式。

　　因为本章的调查对象均为微型企业的所有者，而多数的创业者并未接受过较为系统的工商管理专业知识培训，因此为了尽量减少由于调查者对测量题项的理解偏差而造成的误差，从而使研究的可操作变量可以更为客观、准确地反映被调查企业的真实情况，本章在正式发放问卷之前进行了问卷的试调查，通过对被调查者的访谈获得了他们对问卷测量题项的措辞以及可操作性方面的意见和建议。基于试调查的建议，本章对调查问卷进行了进一步的修改与完善。重新调整了因为翻译而造成的语句生硬、语义歧义等问题，从而最终确定了调查问卷的内容。在调查问卷的正式发放阶段，对于自选微型企业的调查研究者采取现场填表并回收的方式，另一种研究者首先通过电话联系并确定其愿意接受调查后采用电子邮件的方式对调查问卷进行发放与回收。本章共发放调查问卷500份，回收184份，通过对填写有遗漏的问卷进行筛选和剔除，最后得到有效问卷155份。样本回收情况见表6-5。

表6-5 样本回收情况

	回收问卷	有效问卷	共发放问卷
数量	184	155	500
百分比	36.8%	31.5%	100%

6.3.2 量表信度与效度分析

1.信度分析

信度是指问卷中的不同问项对同一变量的测量程度。为了可以在最大程度上保证研究分析所使用数据的真实可信性，我们需要在数据分析之前对问卷的信度进行考察，以此来确保测量结果的质量。内部一致性信度分析是最常用的检测方法，应用最普遍的就是 Cronbach's α 值，Cronbach's α 值大于或接近于 0.7 是可接受的范围；而当问卷题项数量少于 6 个时，Cronbach's α 值大于 0.6 也可以表明量表是可信的；而如果是基础研究的初级阶段，达到 0.5 也是可以接受的。Anne Mismatch（1999）认为，若操作变量校正后的题项/总项相关系数大于 0.5 并且 Cronbach's α 值大于 0.65，说明用这些操作变量来度量相应的名义变量的可靠性是可以接受的。本章采用这一检验标准来对各操作变量进行信度检验。

（1）创业导向量表的信度检验（见表6-6）。

表6-6 创业导向量表的信度检验

研究维度	操作变量	校正后的题项/总项相关系数	删除该变量后的 α 值	Cronbach's α 值
创新性	CX1	0.668	0.770	0.824
	CX2	0.666	0.772	
	CX3	0.711	0.728	
风险承担性	FX1	0.703	0.782	0.841
	FX2	0.734	0.751	
	FX3	0.679	0.804	
先动性	XD1	0.638	0.762	0.810
	XD2	0.641	0.759	
	XD3	0.702	0.692	

在表6-6中，所有操作变量校正后的题项/总项相关系数均大于0.5，且Cronbach's α值均大于0.65，这表明创业导向量表的信度较为理想，符合内部一致性。

（2）市场导向量表的信度检验（见表6-7）。

表6-7　　　　　　　　　市场导向量表的信度检验

研究变量	操作变量	校正后的题项/总项相关系数	删除该变量后的α值	Cronbach's α值
市场导向	MO1	0.756	0.882	0.903
	MO2	0.706	0.889	
	MO3	0.731	0.886	
	MO4	0.714	0.888	
	MO5	0.729	0.886	
	MO6	0.769	0.880	

在表6-7中，所有操作变量校正后的题项/总项相关系数均大于0.5，且Cronbach's α值均大于0.65，这表明市场导向量表的信度较为理想，符合内部一致性。

（3）组织绩效量表的信度检验（见表6-8）。

表6-8　　　　　　　　　组织绩效量表的信度检验

研究维度	操作变量	校正后的题项/总项相关系数	删除该变量后的α值	Cronbach's α值
获利性	HL1	0.740	0.717	0.831
	HL2	0.689	0.770	
	HL3	0.647	0.807	
成长性	CZ1	0.767	0.771	0.859
	CZ2	0.754	0.784	
	CZ3	0.682	0.851	

在表6-8中，所有操作变量校正后的题项/总项相关系数均大于0.5，且Cronbach's α值均大于0.65，这表明组织绩效量表的信度较为理想，符合内部一致性。

2.效度分析

效度是用来检测科学研究中所使用的测量工具是否可以真实地反映

所测量的事物。效度主要包括内容效度和建构效度。本章所采用的创业导向量表、市场导向量表以及组织绩效量表均以国外研究比较成熟的量表为基础，并借鉴参考了国内学者的研究成果进行设计，多数题项在以往的研究中均表现出了较高的效度，另外，本章还在调查问卷的试发放过程中根据个案访谈的实际结果对量表的具体题项进行了相应的修正，因此可以保证各量表的内容效度符合标准。

鉴于量表的内容效度符合标准，所以本章主要采用因子分析的方法对问卷的建构效度进行测量。测量量表的效度首先要确保样本数据是适合做因子分析的，以往的研究主要通过 KMO 检验和 Bartlett 球体检验两种方法来检验样本数据是否适合进行因子分析。本章采用以往研究的经验判断方法对量表的效度进行衡量。

（1）创业导向量表的效度检验（见表6-9）。

表6-9　　　　　　　　　**创业导向量表的效度检验**

研究维度	操作变量	KMO检验值	Bartlett球体检验值	因子载荷值	累计方差解释比例（%）
创新性	CX1	0.717	167.241（df=3，Sig.=0.000）	0.727	74.052
	CX2			0.724	
	CX3			0.771	
风险承担性	FX1	0.723	186.471（df=3，Sig.=0.000）	0.757	75.901
	FX2			0.788	
	FX3			0.732	
先动性	XD1	0.706	154.243（df=3，Sig.=0.000）	0.703	72.520
	XD2			0.703	
	XD3			0.770	

如表6-9所示，创业导向量表各维度的 KMO 检验值均大于0.7，Bartlett 球体检验值的显著水平为0.000，表明数据很适合做因子分析。同时每个题项的因子载荷值都大于0.5，并且累计方差解释比例都大于50%，表明此创业导向量表的效度符合研究要求。

（2）市场导向量表的效度检验（见表6-10）。

表6-10　　　　　　　市场导向量表的效度检验

研究维度	操作变量	KMO检验值	Bartlett 球体检验值	因子载荷值	累计方差解释比例（%）
市场导向	MO1	0.913	506.199 （df=15， Sig.=0.000）	0.702	67.358
	MO2			0.639	
	MO3			0.670	
	MO4			0.645	
	MO5			0.667	
	MO6			0.718	

如表6-10所示，市场导向量表的KMO检验值为0.913，大于0.7，Bartlett球体检验值的显著水平为0.000，表明数据很适合做因子分析。同时每个题项的因子载荷值都大于0.5，并且累计方差解释比例为67.358%，大于50%，则表明市场导向量表的效度符合研究要求。

（3）组织绩效量表效度检验（见表6-11）。

表6-11　　　　　　　组织绩效量表的效度检验

研究维度	操作变量	KMO检验值	Bartlett 球体检验值	因子载荷值	累计方差解释比例（%）
获利性	HL1	0.710	179.012 （df=3，　Sig.= 0.000）	0.797	74.886
	HL2			0.747	
	HL3			0.703	
成长性	CZ1	0.722	216.716 （df=3，　Sig.= 0.000）	0.815	78.130
	CZ2			0.803	
	CZ3			0.726	

如表6-11所示，组织绩效量表的KMO检验值均大于0.7，Bartlett球体检验值的显著水平为0.000，表明数据很适合做因子分析。同时每个题项的因子载荷值都大于0.5，并且方差解释比例也均大于50%，表明组织绩效量表的效度符合研究要求。

6.3.3　基于结构方程模型的假设检验

1.结构方程模型简介

结构方程模型是社会科学研究中的一个非常重要的多变量统计方

法，它整合了路径分析与因素分析两种统计方法，可以用来检验模型中所包含的可观测的显性变量、潜在变量以及误差变量之间的关系。实证研究可以利用结构方程模型对样本数据进行分析，从而获得自变量对因变量影响的直接效应、间接效应以及总效应。

结构方程模型克服了传统统计方法不能很好解决的问题。例如模型中可以包含可观测的显性变量，也可以包含无法直接观测的潜在变量；模型可以检测个别题项的误差测量，从而使因素负荷值具有较高的精准度；基于此，本章选用结构方程模型作为主要的实证研究方法，并使用AMOS这一统计软件来完成结构方程模型分析过程中对模型的构建、运算、修正以及解释。

2.结构方程模型拟合评价

验证一个理论模型与样本数据的适配程度，要通过一系列的拟合指标来反映。学者邱皓政（2004）将契合度指标主要分成四类：（1）卡方检验：P 值与 CMIN / DF 值；（2）适合度指标：GFI、AGFI、PGFI、NFI、NNFI 等；（3）替代性指标：NCP、CFI、RMSEA、AIC、CAIC、CN；（4）残差分析：RMR、SRMR。根据拟合指标的应用普遍情况，本章选用了 CMIN / DF、GFI、CFI、NFI、IFI、RMSEA 几个指标对研究模型进行评价。

CMIN / DF 即卡方与自由度的比，是用于检验样本协方差矩阵与估计的协方差矩阵之间相似程度的统计量。CMIN / DF 值越小表示假设模型的协方差矩阵与观察数据的适配度越高。一般认为该值小于3则表示模型有较理想的拟合度。拟合优度指数 GFI、比较拟合指数 CFI、规范拟合指数 NFI、增量拟合指数 IFI 等指标的值介于 0～1 之间，一般要求该数值在 0.90 以上，数值越大且越接近 1 则表示模型的适配度越为理想。近似误差均方根 RMSEA 数值越大代表模型越不理想。McDonald 和 Ho（2002）认为当模型的 RMSEA 小于 0.08 时则可以视其为一个好的模型。

3.创业导向及其各维度与组织绩效之间关系的假设检验

上文已对本章中各变量量表的信度与效度进行了测量，测量结果均已达到了比较理想的水平。因此，根据结构方程模型路径图的绘制规则，本章绘制了创业导向与组织绩效关系的模型图，将理论模型转化为结构方程模型路径图。其中椭圆代表潜在变量，矩形代表标识变量。微型企业创业导向对组织绩效影响的结构方程模型图如图6-2所示。

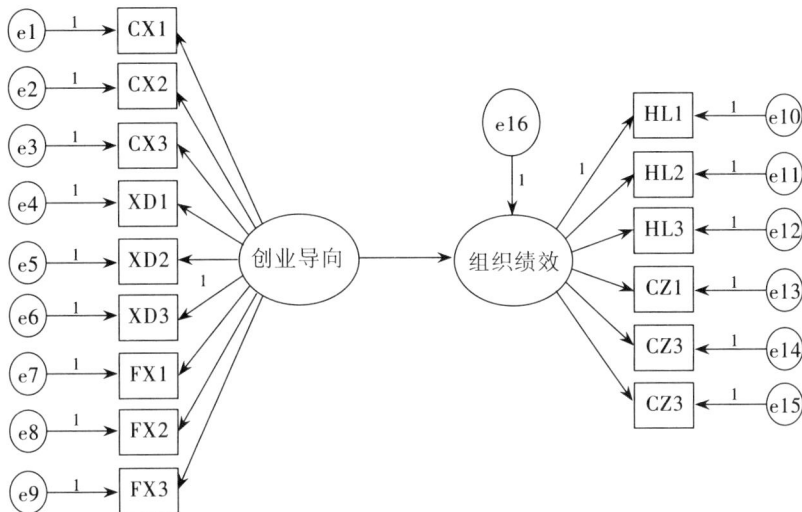

图6-2 微型企业创业导向对组织绩效影响的结构方程模型图

本章主要通过 CMIN / DF，RMSEA，GFI，CFI，NFI，IFI 等几个指标对模型的拟合度进行考察。将样本数据代入结构方程模型进行运算，微型企业创业导向对组织绩效影响的结构方程模型拟合指标见表6-12。从表 6-12 可以看出各项拟合指标中 RMSEA、GFI 以及 NFI 的值未达到标准，而除此之外的其他拟合指标均符合要求。表6-13反映的是微型企业创业导向对组织绩效影响效应的估计结果。

表6-12 **微型企业创业导向对组织绩效影响的结构方程模型拟合指标**

拟合指标	CMIN / DF	RMSEA	GFI	CFI	NFI	IFI
要求值	<3	<0.08	>0.9	>0.9	>0.9	>0.9
实际值	2.272	0.091	0.845	0.923	0.872	0.923

表6-13 **微型企业创业导向对组织绩效影响效应的估计结果**

			Estimate	S.E.	C.R.	P
组织绩效	←	创业导向	1.057	0.107	9.867	***

如表6-13所示，微型企业创业导向对组织绩效影响的路径达到了显著水平，即微型企业的创业导向与组织绩效正相关。假设1得到验证。

由于微型企业创业导向对组织绩效影响的结构方程模型的 RMSEA、GFI 以及 NFI 值并未达到要求，另外各变量之间的关系均显著，因此本章根据 AMOS 分析结果所提供的结构方程模型修正指标进行模型扩展，即通过添加新的路径使结构方程模型的结构更加科学合理。图 6-3 是修正后微型企业创业导向对组织绩效影响的结构方程模型图。

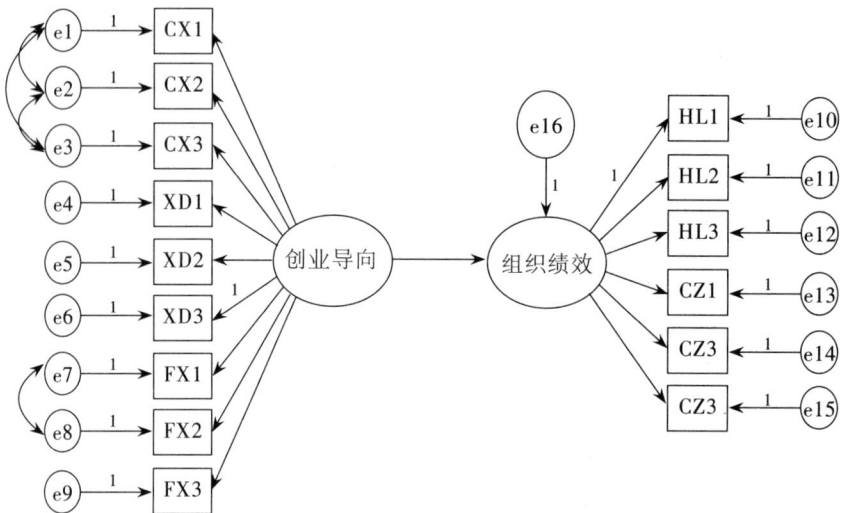

图 6-3 修正后微型企业创业导向对组织绩效影响的结构构方程模型图

如表 6-14 所示，修正后的微型企业创业导向对组织绩效影响的结构方程模型对样本数据的各项拟合指标均达到了理想的状态，表明该结构方程模型对样本数据的拟合水平较好。表 6-15 反映了结构方程模型修正后创业导向对组织绩效影响效应的估计结果，即结构方程模型修正后，微型企业的创业导向与组织绩效正相关。

表 6-14 修正后的微型企业创业导向对组织绩效影响的结构方程模型拟合指标

拟合指标	CMIN / DF	RMSEA	GFI	CFI	NFI	IFI
要求值	<3	<0.08	>0.9	>0.9	>0.9	>0.9
实际值	1.551	0.060	0.901	0.968	0.917	0.969

表 6-15 模型修正后，微型企业创业导向对组织绩效影响效应的估计结果

			Estimate	S.E.	C.R.	P
组织绩效	←	创业导向	1.054	0.106	9.978	***

图6-4是模型修正后微型企业创业导向对组织绩效影响的结构方程模型路径系数图。

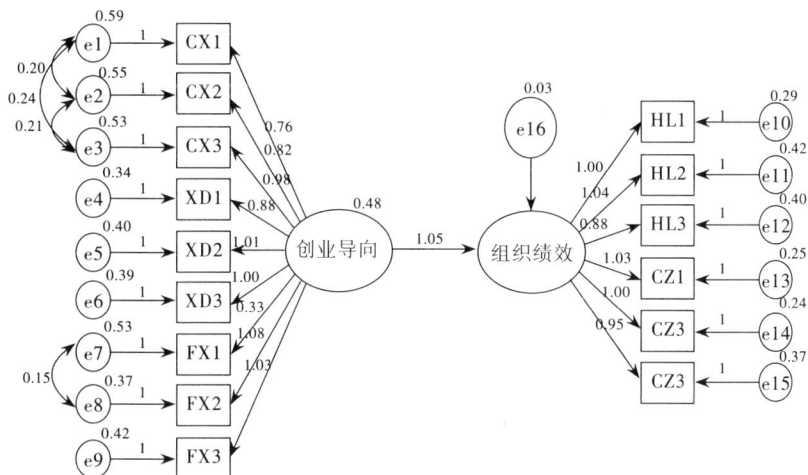

图6-4 模型修正后微型企业创业导向对组织绩效影响的结构方程模型路径系数图

本章拟在微型企业创业导向对组织绩效有正向影响作用的基础上探讨微型企业创业导向的各维度对组织绩效的影响效果，所以本章绘制了微型企业创业导向各维度对组织绩效影响的结构方程模型图，如图6-5所示。

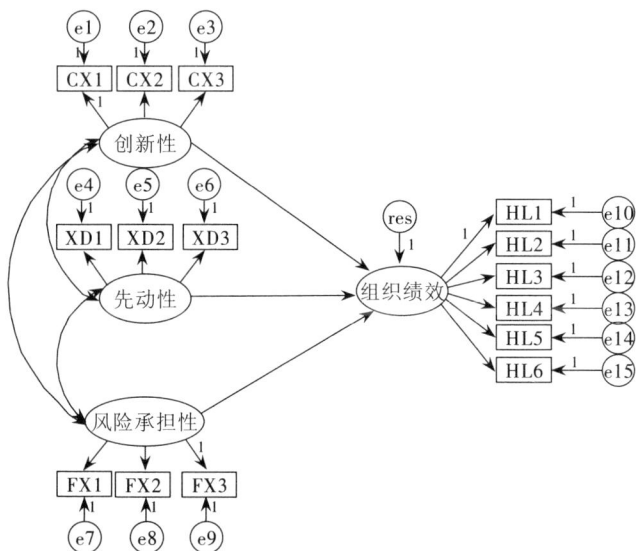

图6-5 微型企业创业导向各维度对组织绩效影响的结构方程模型图

如表6-16所示，微型企业创业导向各维度对组织绩效影响的结构方程模型拟合指标均超过了标准值，这表明创业导向各维度与组织绩效的关系模型对于样本数据的拟合度较为理想，可以利用该结构方程模型的测量结果对研究假设进行验证。表 6-17 反映的是结构方程模型中创业导向各维度对组织绩效影响效应的估计结果。

表 6-16　微型企业创业导向各维度对组织绩效影响的结构方程模型拟合指标

拟合指标	CMIN / DF	RMSEA	GFI	CFI	NFI	IFI
要求值	＜3	＜0.08	＞0.9	＞0.9	＞0.9	＞0.9
实际值	1.391	0.050	0.911	0.978	0.926	0.978

表 6-17　微型企业创业导向各维度对组织绩效影响效应的估计结果

			Estimate	S.E.	C.R.	P
组织绩效	←	创新性	0.109	0.096	1.139	0.255
组织绩效	←	先动性	0.614	0.163	3.764	***
组织绩效	←	风险承担性	0.405	0.108	3.736	***

注："***"表示在 1% 的统计水平上有显著性。

正如表 6-17 的数据所示，微型企业的先动性以及风险承担性对组织绩效影响的路径系数均达到了显著水平（P＜0.05），但微型企业创新性对组织绩效影响的路径系数并未达到显著水平（P＞0.05）。也就是说，微型企业的先动性以及风险承担性对组织绩效有直接的正向促进作用，而创新性对组织绩效并没有直接的显著作用。即假设 H1b、H1c 得到了支持，H1a 并未得到验证。

根据上述分析结果，对微型企业创业导向与组织绩效的关系模型进行修正，将不显著的路径即微型企业创新性对组织绩效影响的研究路径删除。修正后微型企业创业导向对组织绩效影响的结构方程模型图如图 6-6 所示。

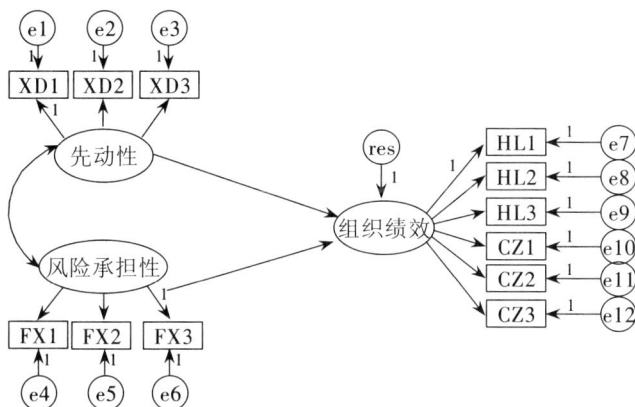

图6-6 修正后微型企业创业导向对组织绩效影响的结构方程模型图

如表6-18所示，修正后微型企业创业导向对组织绩效影响的结构方程模型拟合指标均到达了理想的状态。表6-19反映了模型修正后微型企业创业导向对组织绩效影响效应的估计结果。图6-7是修正后微型企业创业导向对组织绩效影响的结构方程模型路径系数图。

表6-18 **修正后微型企业创业导向对组织绩效影响的结构方程模型拟合指标**

拟合指标	CMIN / DF	RMSEA	GFI	CFI	NFI	IFI
要求值	＜3	＜0.08	＞0.9	＞0.9	＞0.9	＞0.9
实际值	1.522	0.058	0.924	0.978	0.939	0.978

表6-19 **修正后微型企业创业导向对组织绩效影响效应的估计结果**

			Estimate	S.E.	C.R.	P
组织绩效	←	先动性	0.686	0.143	4.808	***
组织绩效	←	风险承担性	0.420	0.114	3.677	***

注："***"表示在1%的统计水平上有显著。

4.市场导向在创业导向与组织绩效关系间发挥中介作用的假设检验

为了检验微型企业的市场导向在创业导向与组织绩效的作用链条中是否具有中介作用，本章将创业导向、市场导向与组织绩效三个变量同时纳入一个结构方程模型中，以期对各变量之间的关系进行分析，同时对微型企业的市场导向是否在创业导向与组织绩效的关系中发挥中介作

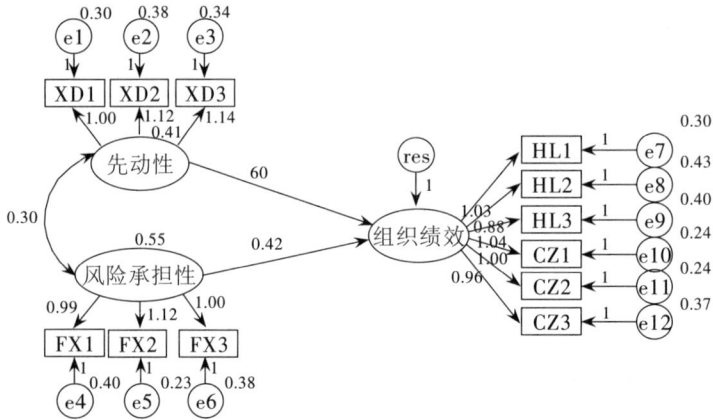

图6-7 修正后微型企业创业导向对组织绩效影响的结构方程模型路径系数图

用进行验证。对微型企业市场导向中介作用检验的结构方程模型图如图6-8所示。

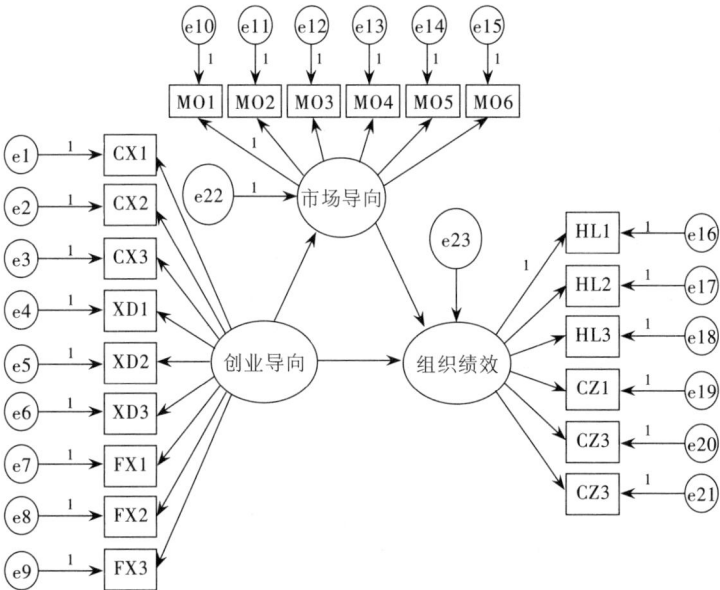

图6-8 对微型企业市场导向中介作用检验的结构方程模型图

将样本数据代入结构方程模型中进行分析运算，从表6-20可以看出各项拟合指标中GFI、NFI的值未达到标准，而除此之外结构方程模型的其他各项拟合指标均符合要求，这表明微型企业市场导向中介作用的结构模型对于样本数据的拟合水平较为理想，可以利用该结构方程模型的测量结果对研究假设进行验证。表6-21反映的是结构方程模型中微型企业创业导向、市场导向、组织绩效三个研究变量之间的影响效应估计结果。

表6-20　　**微型企业市场导向中介作用的模型拟合指标**

拟合指标	CMIN / DF	RMSEA	GFI	CFI	NFI	IFI
要求值	<3	<0.08	>0.9	>0.9	>0.9	>0.9
实际值	1.526	0.058	0.844	0.956	0.884	0.957

表6-21　　**微型企业创业导向、市场导向与组织绩效之间的影响效应估计结果**

			Estimate	S.E.	C.R.	P
市场导向	←	创业导向	0.925	0.099	9.305	***
组织绩效	←	市场导向	0.768	0.124	6.184	***
组织绩效	←	创业导向	0.352	0.116	3.041	0.002

注："***"表示在1%的统计水平上显著。

表6-21中的数据表明，微型企业创业导向与组织绩效仍具有直接显著的正相关关系，创业导向与市场导向以及市场导向与组织绩效之间均呈现显著的正相关关系。根据AMOS的分析结果可以计算出，微型企业创业导向对组织绩效的总效应为1.062，其中直接效应为0.352、间接效应为0.710，即创业导向通过市场导向的中介作用对组织绩效产生的间接效应大于其对组织绩效的直接效用。这表明微型企业的市场导向在创业导向对组织绩效产生影响的过程中起到了部分中介作用。假设H2、H3、H4得到了验证。

因为微型企业市场导向中介作用检验的结构方程模型的GFI与NFI值并未达到要求，另外各变量之间的关系均显著，因此本章不考虑删除路径以提高模型的拟合指数，而是根据AMOS分析结果所提供的结构方程模型修正指标进行模型扩展，即通过添加新的路径使结构方程模型的结构更加科学合理。修正后微型企业市场导向中介作用检验的结构方程模型图如图6-9所示。

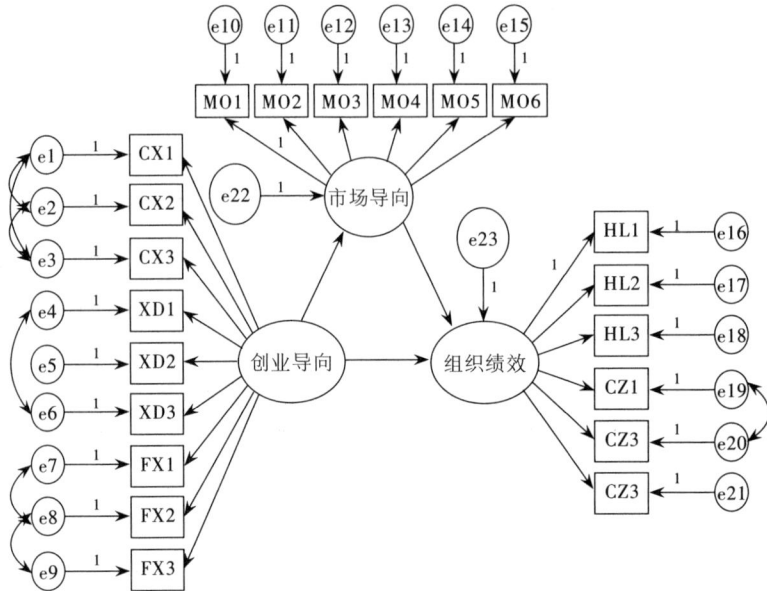

图6-9 修正后微型企业市场导向中介作用检验的结构方程模型图

由表6-22可以看出，修正后的结构方程模型对样本数据的各项拟合指标均超出了标准值。由表6-23可以看出，根据AMOS的分析结果可以计算出，修正后微型企业创业导向对组织绩效的总效应为1.084，其中直接效应为0.400、间接效应为0.684。创业导向通过市场导向对组织绩效产生的间接效应大于其对组织绩效的直接效应。这表明微型企业的市场导向在创业导向对组织绩效产生影响的过程中起到了部分中介作用。修正后微型企业市场导向中介作用检验的结构方程模型路径系数图

表6-22 **修正后微型企业市场导向中介作用检验的模型拟合指标**

拟合指标	CMIN / DF	RMSEA	GFI	CFI	NFI	IFI
要求值	<3	<0.08	>0.9	>0.9	>0.9	>0.9
实际值	1.056	0.019	0.902	0.996	0.923	0.996

表6-23 **修正后创业导向、市场导向与组织绩效之间的影响效应估计结果**

			Estimate	S.E.	C.R.	P
市场导向	←	创业导向	0.952	0.102	9.355	***
组织绩效	←	市场导向	0.718	0.159	4.524	***
组织绩效	←	创业导向	0.400	0.158	2.536	0.011

注："***"表示在1%的统计水平上显著。

如图6-10所示。

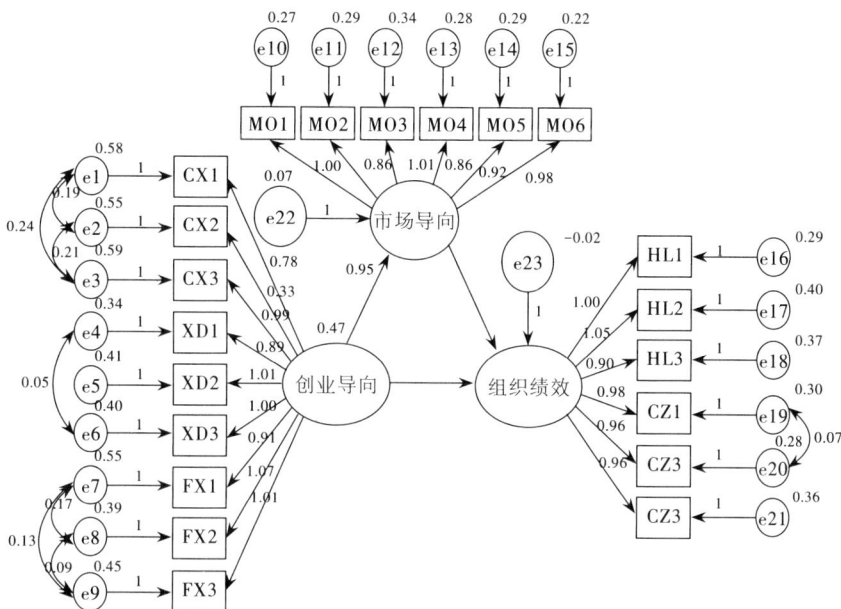

图6-10 修正后微型企业市场导向中介作用检验的结构方程模型路径系数图

5.创业导向、市场导向与组织绩效之间关系的假设检验结果

由表6-24我们可以看出，微型企业的创业导向以及先动性、风险承担性两个维度与组织绩效之间的关系假设成立，微型企业的创新性与组织绩效之间关系的假设不成立。也就是说，微型企业创业导向的先动性与风险承担性均与组织绩效正相关，但是创新性与组织绩效不存在显著的正相关关系。同时微型企业的创业导向与市场导向、市场导向与组

表6-24　　　　　　　　　　研究假设检验结果汇总表

假设	假设内容	验证结果
H1	微型企业创业导向与组织绩效正相关	部分支持
H1a	微型企业的创新性与组织绩效正相关	不支持
H1b	微型企业的先动性与组织绩效正相关	支持
H1c	微型企业的风险承担性与组织绩效正相关	支持
H2	微型企业的创业导向与市场导向正相关	支持
H3	微型企业的市场导向与组织绩效正相关	支持
H4	微型企业的市场导向在创业导向与组织绩效间发挥中介作用	支持

织绩效之间的假设关系也得到了验证，即微型企业的市场导向在创业导向与组织绩效的关系链条中发挥中介作用。

微型企业的创新性与组织绩效存在显著的正相关关系这一假设并未得到验证。这种结果的出现可能是由于微型企业自身的特殊性所决定的。首先，微型企业创业者缺乏创新意识。尽管随着经济社会的不断发展，微型企业的创业动机也在逐渐发生变化，但是现阶段需求型创业动机仍然处于主导地位，即创立企业的目的以解决自我就业、满足家庭需求为主。高新技术型的微型企业创业者及员工可能普遍素质较高，而其他类型的微型企业创业者及员工的文化素质和教育水平则普遍较低，因此很难意识到技术以及产品的创新对企业发展的重要意义。其次，微型企业资金有限，而且融资困难。具有差异化的产品创新需要大量的资金支持，而大多数的微型企业属于生存型创业，生产设备简陋、生产技术简单、资金匮乏，投入到创新的研发费用十分有限。因此，微型企业缺乏相应的创新能力，很难通过系统化的创新行为赋予企业资源新的能力，创造出与众不同的新产品或服务。最后，微型企业在内部结构设置方面无法达到和大中型企业一样完善的地步，微型企业组织规模较小，内部结构设置简单，没有明确的组织内部分工，没有专门的科研机构，因此很难成通过整合企业资源研究开发出更符合消费者需求的创新产品和服务。

6.4 研究结论及启示

6.4.1 研究结论

本章在梳理国内外相关文献的基础上，构建了创业导向、市场导向以及组织绩效的关系模型，并基于理论基础提出了相应的理论假设。在对155份有效问卷实证分析的基础上，本章探讨了微型企业创业导向及其各个维度对组织绩效的影响，同时验证了市场导向在创业导向与组织绩效之间的中介作用。通过对相关假设的检验，本章得出以下结论：

（1）微型企业的先动性以及风险承担性与组织绩效存在显著的正相

关关系，创新性与组织绩效不存在显著的正相关关系。

微型企业的先动性主要表现在企业具有超前行动的意识并付诸行动，在市场形成之初还并未成熟时，企业便主动搜集市场信息，先于竞争对手采取行动，通过提供更能迎合消费者需求的产品或者完善升级更能提升消费者满意度的服务来不断地抓住消费者的心理，并满足消费者的需求，建立消费者对企业品牌的信任，提升消费者对企业品牌的忠诚度，从而在竞争市场中获得有利的占位优势，进而为微型企业带来可观的经济效益。风险承担性强调当企业面临未知情况时，要采取积极承担风险的战略倾向。企业在日常的经营过程中时刻都在面临着各种各样不同的风险，例如在新市场推出新产品时或者将大量的资金投入到高风险高报酬的事业上时都会面临着不确定的风险。拥有一定风险承担特质的企业会积极采取开拓性行为，对市场的变化做出较为迅速的反应，积极承担风险，以勇敢的态度去捕捉市场机会，从而加强企业在不确定环境下持续获取竞争优势的能力。

（2）市场导向在微型企业创业导向与组织绩效的关系中发挥着中介作用。

本章对市场导向中介作用的检验结果表明，微型企业的创业导向对市场导向有正向的促进作用，市场导向对组织绩效有正向的促进作用，创业导向对组织绩效有正向的促进作用。而且创业导向对组织绩效的间接效应大于直接效应，由此我们得出结论：市场导向在创业导向与组织绩效的关系链条中发挥着中介作用。

6.4.2 研究启示

1.对微型企业的启示

（1）重视先动性、风险承担性对组织绩效的促进作用。

对微型企业的实证研究结果表明，微型企业的先动性以及风险承担性与组织绩效存在显著的正相关关系。由此可见，微型企业若想获得持续的竞争优势以支持企业的持续发展，就必须意识到企业的先动性以及风险承担性对组织绩效的重要性。现在，随着经济的快速发展，外界环境充满挑战的同时也出现了很多机会，因此，在激烈的市场竞争中，面临机会企业应主动收集市场信息，率先采取行动，从而获取较高的竞争优势以及市场地位，进而实现企业的可持续发展。微型企业虽然实力不强，但是可以通过细致的市场调研，选择竞争对手实力不及自身的目标市场或者其他更适合企业自身特点和优势的市场，识别并捕捉有利的市场机会，集中力量进行市场扩展和渗透，变劣势为个体优势，通过向特定的目标顾客群提供专业化的产品或服务占领市场，获取竞争优势。

（2）提高自身的创新意识与创新能力。

与资源丰富、实力雄厚的大型企业相比，微型企业处于竞争市场的弱势地位，为了增强企业的竞争优势，提高企业的竞争能力，有必要增强微型企业在产品、服务以及经营管理方法上的创新意识。由于受到组织规模、资金、生产技术和人员配备方面的限制，大多数企业不大可能投入大量的人力物力来率先研究开发独具特色的创新产品以迎合消费者的需求。但微型企业可以采取模仿创新策略，即通过模仿行为而进行的创新活动。微型企业可以通过模仿创新有效地弥补自身在资金、技术和人员方面的劣势和不足，同时更好地满足消费者的需求，保障企业在竞争市场中的地位，从而获取高水平的组织绩效。同时，微型企业也应重视创新人才的培养，通过多种方式对企业的技术人员、管理人员进行培训，提高组织人员的创新意识，并规范企业人才管理，吸引、留住更多优秀人才，提升企业自身的创新能力。

（3）加强创业导向与市场导向的有效融合。

本章在证明微型企业创业导向的先动性、风险承担性与组织绩效存在显著的正相关关系之外，也证明了微型企业的创业导向通过市场导向的中介作用对组织绩效产生积极的正向影响。这一结果也为微型企业在复杂多变的环境中建立竞争优势提供了相应的理论指导和现实操作路径，即微型企业若想在创业导向的背景下提升组织绩效，可以通过在内部塑造市场导向型文化。从长远来看，创业导向作为应对环境不确定性的复杂性思维模式和行为方式，有利于微型企业在动荡环境中的生存与成长。市场导向则意味着微型企业通过对顾客需求的持续关注来不断提高顾客满意度。创业导向和市场导向的有效融合可以成为微型企业创造可持续竞争优势、进一步提升组织绩效的有力手段。

因此，面临动荡复杂的外界竞争环境，微型企业有必要采取以先动性、风险承担性为特征的创业导向并在企业内部培育市场导向型的文化，通过对外界环境的不断感知以及对顾客需求的持续关注来调整企业的发展战略，从而在动态复杂的环境中寻求其内部资源与外部环境的最佳匹配，最终提升组织绩效并实现企业的可持续发展。

2.政策启示

为了改善微型企业的经营和发展状况，促进其可持续发展，要对微型企业自身和企业外部环境两个方面同时进行改善。一方面微型企业自身可以通过采取创业导向发展战略，通过先于竞争对手的行为以及积极承担风险获取竞争优势，增强企业实力。另一方面，政府也应该出台相应的政策扶持微型企业的发展。结合微型企业的特质，本章对政策方面提出了以下建议：

（1）提高微型企业的创新意识，大力支持微型企业的创业活动。政府要积极引导微型企业增强对创新重要性的认识，如通过举办关于企业创新活动对企业发展重要性的讲座或印发宣传册等活动普及创新知识，以此来消除微型企业对企业创新投入的未来预期不确定性的顾虑，提高微型企业的创新意识。同时出台相应政策以鼓励并支持微型企业的创新活动。例如加大对微型企业创新行为的政策和金融支持，落实好相关税收优惠政策。通过为微型企业提供基金支持、研发资助等优惠政策来鼓励和支持微型企业开展创新活动。

（2）加大对微型企业关于市场和风险知识的培训力度。微型企业由于缺乏关于市场以及风险方面的专业知识，所以在发展的过程中难免会遇到错失市场机遇或盲目大胆承担风险等问题。因此相应的管理部门应制订定期对微型企业进行辅导培训的计划，主要对其进行营销观念、市场风险等相关知识的培训，旨在提高微型企业对现有及潜在顾客需求的关注意识以及对市场机会的敏感程度，以增强其洞察市场机会的能力，进而先于竞争对手发现并抓住市场机遇，获得持续的竞争优势。

7 微型企业社会服务需求调查与支持体系构建

通过前面的文献综述我们已经了解学者们普遍认同支持和促进微型企业的发展是一项系统工程，涉及经济活动中的多元主体。根据原国家经贸委中小企业司的定义，中小企业社会化服务体系是以服务社会各类中小企业为宗旨，以营造良好的经营环境为目的，为中小企业的创立和发展提供多层次、多渠道、多功能、全方位服务的社会化服务网络。社会化服务体系的构建与完善，涉及各级政府部门、教育培训机构、咨询机构、社会组织和中介服务组织等多元主体，并通过多元主体间的有机协作，为中小企业提供信息、资金、人才和技术等方面的帮扶与支持。通过多方的共同努力，目前我国中小企业社会化服务体系已初步建立以"政府支持中介，中介服务企业"的基本模式，并通过发动和整合行业协会、科研机构以及高等院校等社会资源，共同建立了中小企业公共服务平台。在取得一定进展的同时，现有服务体系也存在着明显的不足，主要表现两个方面：一是未能有效针对企业的不同发展阶段提供差异化的服务，无法满足中小企业在不同阶段的发展需求；二是对于有着更强帮扶需要的微型企业，尚缺少为其量身打造的社会化服务支持体系。①

目前，国内外很多学者都提出政府扶持政策应该适应企业生命周期变化而有不同的侧重和对待。相对于其他类型的企业而言，微型企业规模小、生存周期短、信息获取能力弱、获取资金困难、管理水平不高、能整合的资源有限。上述特征使得微型企业成为企业群体中的"弱势群体"，难以依靠自身力量适应日益激烈的市场竞争。同时，微型企业的上述特征也导致其呈现出不同于其他类型企业的生命周期规律，并且，在其不同生命周期阶段所需要扶持的重点和内容也是不同的，这就需要政府和相关机构提供更加具有针对性的社会化扶持政策。②鉴于现有体系以及相关研究中存在的上述不足，本章基于微型企业生命周期各阶段的社会服务体系（如图7-1所示），致力于提高和改进扶持效果，进而更加高效地促进微型企业发展。

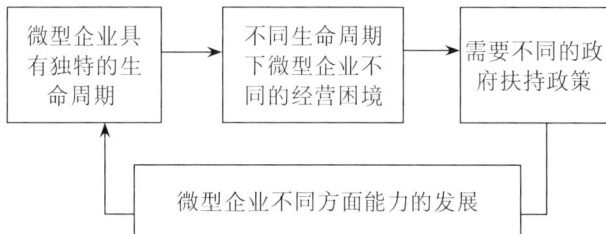

图7-1　基于微型企业生命周期各阶段的社会服务体系

7.1　基于微型企业生命周期的社会服务需求调查

构建基于微型企业生命周期的社会化服务体系的前提是准确把握微型企业在各个生命周期阶段的社会化服务需求特征，为此，本章在借鉴以往研究成果的基础上，对微型企业社会化服务需求情况进行了问卷调查。调查问卷主要分三个部分：第一部分是微型企业经营管理者及微型企业自身的情况；第二部分是企业经营现金流量情况，用来判定该微型

①　张陆，等.基于生命周期理论的微型企业社会化服务体系研究［J］.商业时代，2013（35）.
②　钱龙.政府扶持政策与微型企业生命周期的匹配性分析［J］.重庆三峡学院学报，2013（1）.

企业所处的企业生命周期阶段；第三部分是企业希望获得的社会服务需求。

本研究共发放 1 000 份问卷，发放地区主要集中在大连、沈阳、锦州、北京、上海、深圳、重庆、郑州、武汉。总计收回问卷 458 份，回收率为 45.8%；剔除无效问卷后，得到有效问卷 423 份，有效率达 92%。问卷剔除的标准：（1）雇员人数超过 20 人、营业收入超过 300 万元以上的企业；（2）问卷中有 2 个以上选项没有答复的；（3）各题目回答相同的问卷。

本章依据企业生命周期理论将企业的发展划分为初创期、成长期、成熟期和衰退期。在接受调查的样本企业中，处于初创期的微型企业有 112 家、成长期的微型企业有 247 家、成熟期的微型企业有 82 家、衰退期的微型企业有 59 家。

调查和访谈的结果还显示，微型企业创业面临着 "两大困境"。困境之一是创业失败率很高。创业失败率通常用新企业的存活年限来表示，所调查的微型企业平均寿命只有 2.9 年。在样本企业中中，处于初创期和成长期的微型企业占总数的 71.8%，而处于成熟期的企业占 16.4%。这一数据表明，大多数微型企业未能顺利度过成长期并步入稳步发展阶段；同时，也说明帮助微型企业实现从初创期向成长期以及从成长期到成熟期的过渡是社会化服务体系的重要使命与工作。微型企业面临的困境之二是创新层次普遍较低。调查数据显示，微型企业的创办者在创业动机方面大多属于生存型创业，机会型创业约占总数的 25% 左右，仅为生存型创业的 1/3。微型企业创业者所开展的创业项目也大多基于复制和模仿，少有创新且进入门槛低，这也导致竞争激励和创业失败率较高。此外，而较低的创新层次也制约着微型企业创业对于经济增长的价值创造潜力。上述 "两大困境" 阻碍着微型企业的持续健康发展，也制约着微型企业在促进就业和推动经济增长方面的作用发挥。

根据调查结果，微型企业的社会化服务需求主要包括六大方面：融资服务、创业咨询、人才培训、科技服务、信息服务与市场开拓；并且，处在不同生命阶段的微型企业面临着不同的社会化服务需求。以下是对微型企业在各个生命周期对各项服务需求程度的调查结果。

7.1.1 初创期社会服务需求情况

调查数据显示，87.4%的微型企业在初创对创业咨询服务提出需求。由于大部分的微型企业创业者属于白手起家，自身的教育程度不高，也缺乏从商经验和社会资源，对创业活动空有热情却不知如何着手实施。由于企业自身产品和服务可能还没有真正形成，即便微型企业主暂时拥有很好的想法或技术成果，也没有真正实现和利用资源的能力。这一时间的创业咨询需求主要包括：创业机会评价、资源获取途径、企业注册流程、法律服务等方面事宜。若不能在创业初期获得上述支持，单凭微型企业创业者自身摸索，可能会走很多弯路，甚至导致创业失败。

81.2%的微型企业在初创期有融资需求。这一时期产品可能尚未最终形成，还只是企业创始人的一个想法，因此，不仅不能产生销售收入，还需要投入资金进行产品的研发和试验。此外，企业此时还需要进行注册，购买机器、厂房、设备等。因此，在这一阶段企业可能会面临现金流为零或者负值的局面。从问卷调查和个别访谈的情况看，资金常常是制约初创期微型企业发展的重大瓶颈。当创办者自身资金周转不灵时，企业的发展就陷入了困境。

71.4%的处于初创期微型企业有信息方面的需求。信息技术的发展正在将我们带入信息经济时代。在这样的时代背景下，信息对企业的影响逐步提高到一种绝对重要的地位。无论是信息量、信息传播的速度，还是信息处理的速度以及应用信息的程度等都以几何级数的方式在增长。对于微型企业而言，信息更是一种非常重要的战略性创业资源，其不仅影响着微型企业创业者对商机的识别与开发，也影响着微型企业的资源整合和价值创造，为微型企业摆脱两大困境提供了希望和契机。然而，受地理位置、社会网络地位以及自身教育程度等因素制约，微型企业创业者大多都处于信息贫乏的状态。微型企业迫切需要各种信息，却又缺少获取信息的有效途径；同时，微型企业也无法对信息进行识别，缺乏筛选有用信息的能力，更缺乏合理使用信息的能力。

57.3%的微型企业在初创期有市场开拓方面的需求。随着市场经济的不断发展以及不断深化的经济全球化趋势，在各个领域都面临着众多机遇与挑战，微型企业创业者能否在这样的环境下开辟出属于自己的市场空间、实现自身产品或服务的销售，事关生死存亡，此时的微型企业常常出现因销量上不去而导致的失败。此外，企业在向市场推广自身产品和服务时，也缺少对于信息发布渠道的了解，对于如何发布、如何引发消费者关注缺乏经验，这些也是影响微型企业在创业初期有效拓展市场的因素之一。

13.2%处于初创期的企业有人力资源方面的需求。此阶段组织架构较为单一，创业者是企业的直接管理者，员工人数较少，因此，绝大部分企业对人力资源的需求不大。在一些科技含量较低的传统型创业项目中，即便有雇用员工的需求，通常也可以较为容易地从外部雇用到所需人员。相应地，在一些科技含量较高、对人员素质要求也较高的微型企业中，通常人力资源方面的需求比较迫切，可由于自身尚在起步阶段，通常难以吸引到合适的人才加入。

微型企业在创业初期少有对科技服务方面的需要。在微型企业创办初期，企业大部分的产品和服务都处于试销的摸索阶段，企业发展最重要的问题是打开销路、扩大市场份额和保证服务质量，相对而言，技术服务方面的需要较低。

7.1.2 成长期社会服务需求情况

77.4%的处于成长期的微型企业在人力资源方面存在的需求显著高于初创期。随着微型企业的快速成长，企业对销售人员、生产人员以及管理人员的需求都会大幅增长，因此，如何吸纳到所需人才是很多微型企业面临的主要问题。其中，销售人员和管理人员又是重中之重。随着企业的快速发展，企业制度、规范和流程决定着企业未来的命运。微型企业主由于自身经验、知识和人脉等因素的制约，使这一阶段常常成为创业能否取得成功的分水岭。微型企业主亟需提高管理能力，一支管理有效的人力资源队伍，既能让企业迅速发展又能提高市场占有率。

75.0%的处于成长期的微型企业有市场推广方面的要求。度过初创期进入成长期，意味着微型企业的产品或服务已经得到顾客的认可，这一方面可能会引来在位企业的关注和反击；另一方面，也可能会引来其他创业者加入该市场。因此，此阶段的创业企业丝毫不能懈怠，必须持续不断地扩大销售额、积累客源、提高市场占有率，并特别注意提高企业的知名度和美誉度。为此，微型企业需要加强自身的宣传，形成独特的品牌形象，加快企业成长发展。

69.4% 的处于成长期的微型企业仍然有信息方面的需求。经历了初创期的微型企业，对于企业发展所需的信息已经有了基本的搜集和甄别能力，能够利用所获得的信息进行产品或服务的升级和完善，也有了基本的产品/服务信息发布渠道。但是要想进一步扩大销路，微型创业还需要进一步拓展信息通道，发掘潜在顾客，让更多的潜在顾客认识企业以及企业提供的产品。

30.7% 的处于成长期的微型企业有科技服务方面的需求。通过对这一阶段的微型企业进行调查和访谈，我们发现：很多该阶段的企业主都有与高校、科研机构以及其他企业合作的需求，特别是一些科技导向型的微型企业。此时，企业已经积累了一定的资金，同时也面临着通过提高产品或服务持续扩大销售规模的压力，因此，需要引入新技术或创新现有技术来加大研发力度，由此导致了科技服务的需求增加。此外，微型企业单独进行技术研发，由于自身条件所限，产品更新的时间更长、费用消耗更多，因此，也会产生与高校、科研机构以及其他企业交流合作的需要。

14.8% 的微型企业尽管经历了初创时期的艰苦洗礼进入成长期，仍旧具有创业咨询方面的需求，不过，主要体现在法律支持和财务方面，这主要是因为随着微型企业业务规模和客户数量的增加，业务纠纷也会随之出现，甚至可能遭遇商业欺诈等，企业相应地就会产生对相关法律支持的需要。而经营收入的不断增加，也会增加财务处理的复杂性，因此，需要专业化的培训或服务支持，以确保企业财务处理合规合法，同时，使微型企业主能够通过财务数据准确把握企业经营状况，科学制定经营管理决策。

7.1.3　成熟期的社会服务需求情况

82.7%的处于成熟期的微型企业表示有技术研发或者与其他机构进行技术联合的需求。在此阶段，微型企业通过既有产品已经在市场上站稳脚跟，但是，仍然面临着严峻的竞争威胁。一方面，通常微型企业的产品和服务都不具有较高的壁垒，因此，很容易被仿制；另一方面，产品本身的生命周期以及替代品的出现也会使消费者需求出现下降。因此，为了实现持续发展和壮大，微型企业需要创新现有产品或扩展现有的产品系列、提高产品组合的深度和广度。而此阶段的微型企业也积累了一定的财力、物力和人力条件，也就是说，微型企业不仅有了新产品的开发和改良的外部压力，也有了内部动力和实力，因此对技术服务的需求也明显增加。

77.9%的处于成熟期的微型企业在市场开拓方面的需求依旧强烈，此时的市场拓展主要是将新产品投入到现有市场或为现有产品开辟新市场。处于成熟期的微型企业产品已经获得相对稳定的市场地位和市场占有率，此时的任务主要是通过扩大产品销售来延长企业的成熟期，使企业能够继续积攒资金和实力研发新产品。这就需要微型企业在已有的市场份额基础之上进一步地拓展市场，为企业发展带来持续增加的现金流。

57.3%的处于成熟期的微型企业，表示出对高素质专业人才的需求。此时的微型企业已形成较为完善的人员资源管理体系，企业面临主要的问题是发展放缓、创新能力下降、上升空间有限。在此阶段，产品稳定的市场和可观的销售利润会使得管理者和内部员工安于现状，失去创新和改革的精神。而没有了创新企业必然会走向衰败。那些有远见和风险意识的微型企业创业者会在这时从外部引入高端人才，为企业注入新鲜血液，以增强企业活力。由此，对高端经营管理人才的需求增加。

36.5%的处于成熟期的微型企业有信息资源方面的需求，在外部信息的获取方式上更容易，对信息的辨别能力也更强。信息能够在企业内部运转流畅，也很容易在企业间传递，并且迅速地发布到市场上去。

只有极少数处于成熟期的微型企业提出资金方面的需求，占比13.7%。在此阶段，微型企业获取资金能力较强。企业经过快速的发展期进入到了成熟阶段，此时的企业和产品已经积累了较高的知名度，银行也愿意为企业贷款，因此资金已经不再成为企业未来发展的主要制约。

处于成熟期的企业几乎都没有提出创业咨询方面的需求。

7.1.4 衰退期社会服务需求情况

42.1%处于衰退期的微型企业表现出对新领域的人才需求。处于衰退期的微型企业，创新能力差，技术落后，产品也已经跟不上市场需求。这时企业需要拥有新技术、新理论的人才加入，帮助企业恢复生命力或逐渐转型，进行二次创业。

30.9%处于衰退期的微型企业仍有市场开拓的需求。进入衰退期的微型企业通常产品老化、缺乏吸引力，导致销售直线下降，但企业仍然渴望能够尽量延长企业的产品生命，这时候微型企业往往会选择某些特殊细分市场，将产品销售给特定区域或特定的人群，如将产品销售给农村地区或某些欠发达地区的消费者。此时微型企业在产品的渠道开发和营销推广方面都有相应需求。

32.5%处于衰退期的微型企业有信息方面的需求，此阶段的微型企业内部通常已经出现思想僵化、缺乏创新精神、对外部市场和消费需求的变化趋势缺乏了解和把握，导致在重大决策和判断方面出现失误，这个阶段的企业自身有时并不主动寻求信息，但却需要外部的信息支持以发现问题、寻求变革。

26.7%处于衰退期的微型企业有资金方面的需求。由于此阶段微型企业的市场份额减少、产品效益降低、利润下降，使得企业经营陷入困境，有的企业会因此陷入"资金陷阱"当中，因此，微型企业需要大量资金。

15.6%处于衰退期的微型企业提出创业咨询方面的需求，主要涉及企业发展战略及二次创业方面的问题。

10.4%处于衰退期的微型企业有产品和商业模式创新方面的服务需

求，由于之前的产品和服务已经无法给微型企业带来额外利润，创新是企业走出困境的唯一出路。

7.2 社会化服务支持体系的构建

在微型企业发展的过程中会涉及许多主体，只有明确各个相关主体的角色定位，并各司其职协同合作，才能真正促进微型企业的持续健康发展。

7.2.1 相关主体及其功能定位

在微型企业发展的过程中会涉及许多主体，只有明确各个相关主体的角色功能各司其职，发挥合力才更有利于微型企业的发展。

1.政府部门

政府部门在整个支持体系中发挥着至关重要的作用，是支持体系的发起者和引导者。政府部分的功能定位在很大程度上决定着其他支持机构和组织能否及如何发挥作用。政府部门需要站在促进微型企业发展的全局角度，处理好与其他相关主体的关系，这不仅有利于减少控制干预，也有利于保障其他相关主体公平竞争、诚信经营。就政府部门在整个体系中的功能定位，我们认为政府部门应由服务的直接提供者转变为服务的间接提供者，一方面给予微型企业充分的发展自由，另一方面依靠中介机构以及第三方组织来为其服务。在微型企业创业的早期，因为市场条件不够完善，第三方企业和组织为微型企业的发展提供的服务较少，这时就需要政府部门建立起直接服务于微型企业的机构。目前，服务于微型企业的社会组织还比较有限，因此，政府部门也需要在政策和税收优惠方面给予支持，鼓励市场上中介机构的发展。当第三方企业和组织能够为微型企业提供充足的服务和资源时，政府应当让其直接为微型企业服务，但也需要对这些服务机构给予教育监督、管理培训和财务支持。引导这些机构依据微型企业所处环境以及生命周期阶段的不同提供有针对性的社会化服务。例如，在初创期为其提供创业咨询、获取市场信息等；在发展期提供管理咨询、资金扶持等；在成熟期提供技术创新和人才支持等。最后，政府部门可以通过政府采购的方式，购买各种社会化服务，间接为微型企业提供支持。不过，为保证各类服务机构的良性竞争与健康发展，政府部门需要不断完善相关采购制度，确保制度的公开、公平、公正。

2.营利性中介组织

营利性中介机构是在政府的引导下创立，为微型企业提供资源和服务的在市场监督管理部门登记过的服务机构或组织。它能够为刚刚创立的微型企业提供场地、生产、设备、办公环境等硬件设施，也能为微型企业提供创业咨询、管理咨询、人力支持、信息技术、科学技术和市场开拓等多方面的服务。在整个服务支持体系中，营利性中介机构是向微型企业提供支持服务的主体。中介机构应当努力提高自身的服务水平，规范自身的经营行为。例如，律师事务所要熟悉微型企业在发展过程中遇到的法律问题；公证机构要对微型企业的实际经营情况进行合理的公证；孵化园要能够及时提供相应的帮助，包括代办手续、人员借贷、打印材料、处理合同等。在服务过程中，中介机构需要将自身提供的服务与微型企业进行匹配，不断提高自身的专业水平，提高服务的针对性和操作性。同时，中介机构也应将掌握的市场信息及时与政府部门沟通，以便政府在政策实施时能够做到有的放矢、更有针对性。相应地，政府部门在通过贷款以及税收等优惠政策鼓励营利性中介机构发展的同时，也需要打造平台和渠道使微型企业便于向这些中介机构寻求帮助，如通过各种媒介进行报道，让大众都知道该机构的存在，从而吸引更多的微型企业来寻求服务，形成互惠互利的良性循环。

3.非营利性服务机构

这类机构包括各种行业协会、高校和科研单位、公益性组织等。行业协会是指介于政府、企业之间，商品生产者与经营者之间，并为其服务、咨询、沟通、监督、公正、自律、协调的社会中介组织。行业协会是一种民间性组织，它不属于政府的管理机构系列，而是政府与企业的桥梁和纽带。行业协会成立的主要目的是规范同行业企业间的行为，避免过度竞争，同时向政府传达企业的共同要求并协助政府制定和实施行业发展规划、产业政策、行政法规和有关法律。政府的政策及相关信息也通过行业协会传递给微型企业。行业协会还会根据微型企业的需要提供培训、信息和咨询等服务。在促进微型企业发展的过程中，高等院校及相关研究机构是可以利用的重要力量。在国家全民创业万众创新的战略指导下，在国家教育的要求和引发下，国内高校大力发展创新创业教育。一方面，高校学生正在成长为创办微型高科技企业的重要力量，同时，高校积累的师资和创业教育资源也可以为全社会范围内微型企业创业及成长提供培训和支持。此外，在创办微型企业的群体中，有相当一部分是下岗失业人员、返乡农民、残疾人。与上述群体相关的社会公益类组织，也可利用自身的组织优势，为这些群体创办微型企业提供助力和支持。

7.2.2　社会化服务支持体系的基本构架

良好的社会化服务环境可以引导微型企业健康发展，充分发挥其在国民经济和社会发展中的重要作用，是扶持和促进微型企业健康发展的关键。[①]

通过前面的分析可以看出：微型企业所需要的社会化服务的具体内容大体相同，主要包括政府政策咨询、项目咨询与中介服务、信息网络服务、教育培训服务等方面。但在不同的生命周期阶段需要的侧重点与特点又体现出明显的差异性。这些服务的及时性和有效性，关系着微型企业能否顺利找到自己的定位及发展所需的各种信息、资源等，在很大程度上决定着一个微型企业能否成功地从一个创意发展成为一个成熟且有竞争力的企业。

微型企业社会化服务体系的目标是形成以政府为主导、营利性中介机构为依托、非营利性第三方组织为互补，针对不同生命周期阶段微型企业提供定制化服务的服务网络。其中，政府部门扮演着重要角色，一方面直接为微型企业发展提供相关政策支持，另一方面积极调动营利性企业组织和非营利性的第三方组织为微型企业提供针对性服务。微型企业社会化服务支持体系的运作框架如图7-2所示。

[①] 唐桂芳.基于组织生态学视角的微型企业成长影响因素分析［D］.西安：西安电子科技大学管理学院，2013.

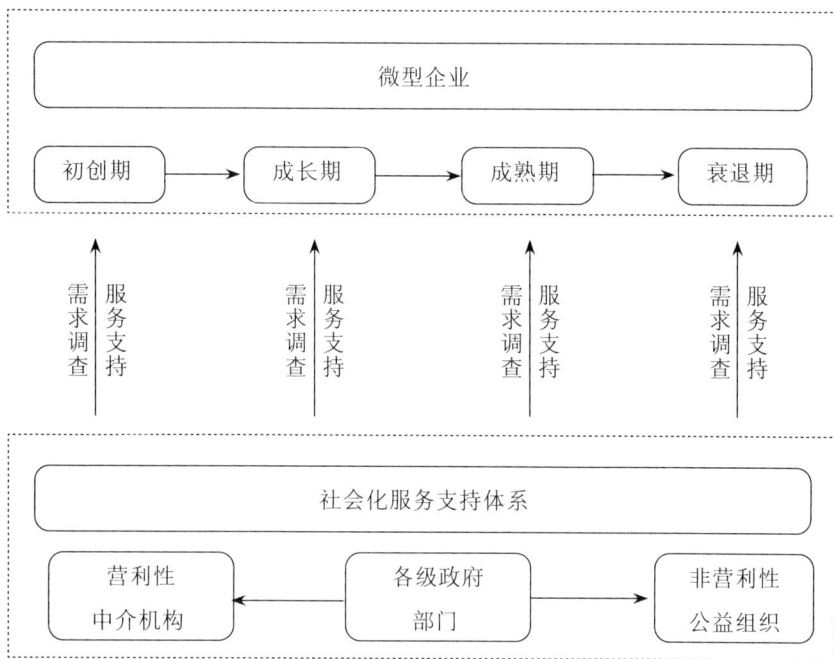

图 7-2 微型企业社会化服务支持体系的运作框架

7.3 社会化服务支持体系的优化建议

微型企业在不同发展阶段具有不同的特征及需求，政府必须具体问题具体分析，根据企业所处不同发展阶段，针对性地设计与建设社会化服务体系，才能够真正解决问题。微型企业的发展应持有生命周期的观念，政府保障微型企业的社会化服务体系关键在于体现针对性。从整体来看，我国已经初步建立起以政府为主导，中介机构为辅，同时调动各个行业协会、科研机构和高等院校等部门参与服务的微型企业社会化服务支持体系。然而，企业的发展是一个不断变化的动态过程，微型企业在与外界发生信息、能量交换的同时，也在不断成长、发展、完善和衰退，沿着生命周期呈现出不同的需求，因此，政府应避免"一刀切"，注意提供有针对性的社会化服务措施，提高服务效率和服务质量。

7.3.1 针对初创期微型企业的优化措施

微型企业成立初期，通常只有创业者个人，企业内的各种事情都由创业者一手操办。因此，创业者个人能力和特质决定着企业的成败和未来的发展方向。由于大部分微型企业主受教育程度不高、经营管理经验十分有限、社会资本和人脉又少，单凭其个人的能力也没有办法迅速实现企业振兴，想要维持企业的发展具有很大的难度，很多微型企业都因此而夭折。政府在这个阶段应该携手各方社会力量为微型企业创造有利的生存条件。第一，政府应联合高校等培训机构为微型企业提供对口的创业指导培训。在这方面，大连、重庆等地政府部门都采取了有效措施与高校合作开展针对高校学生和微型企业创业者的创业培训课程。此外，政府部门还与孵化机构和法律、财务服务机构合作，为微型企业创业者定期组织创业咨询和专题讲座等，普及法律、财务会计知识，提升产品开发、市场营销等方面的能力。

此外，初创期的微型企业由于缺乏知名度和美誉度，资金和产品推广常常成为这一阶段发展的重要制约因素。因此，本阶段的社会化服务支持还体现在资金支持和市场开拓方面。对于企业在此阶段的资金需求，各地政府已经启动减免税费政策，这无疑是雪中送炭。除此之外，政府还应促进国有银行成立专门的微型企业信贷部门，调整微型企业贷款税收优惠政策的范围，并增加专门面向微型企业服务的金融机构，保障微型企业的信贷规模。另外，政府还要积极引导微型企业发展网络融资，加快商业银行的网络融资业务和市场推广工作，积极开展微型企业网络融资的产品创新[①]。在帮助微型企业拓展市场方面，政府部门也可以联合行业协会以及各类信息平台，帮助微型企业展示和发布产品服务信息、寻找销路。

7.3.2 针对成长期微型企业的优化措施

进入成长期的微型企业规模不断扩大，雇员数量逐渐增多，员工的

---

① 李智. 中外微型企业比较研究［J］. 全球科技经济瞭望，2013（3）.

人力资源质量要求也越来越高。而大多数微型企业主既没有足够精力也没有足够能力进行员工的培训，此时，外部的人力资源培训服务就变得非常重要和必要。此外，随着组织规模的扩大以及员工人数的增加，微型企业对组织设计与管理的需求越来越高。此时，政府可以定期发起工业园区、行业协会、相关高校等组织机构，分门别类地开展人力资源培训，以帮助微型企业解决快速成长过程中的人力资源开发与管理问题。

微型企业进入成长期后，虽然市场销路逐渐打开，客户群相对稳定，市场占有率不断攀升，但也面临着日益严峻的竞争，需要继续开拓市场以维持成长节奏和步伐。此时，微型企业既需要提供相关的需求和渠道信息，又需要竞争战略和营销手段方面的支持与服务。为解决微型企业创业初期信息闭塞、社会资本缺乏的问题，政府可以牵头建设针对微型企业的信息服务平台，帮助微型企业借助此类工具及时发布信息和掌握消息。从各地的成功经验看，在此阶段还可以通过政府采购以及引导大企业采购微型企业产品和服务的方式，为微型企业拓展销售渠道提供助力。政府部门可以向微型企业公开政府的投资项目，并本着公开、公平、公正的原则，对计划性政府投资项目进行招标，允许达到标准的微型企业参与其中。我国政府采购总额达到了近 6 500 亿元，如果按照发达国家通常做法将 20% 采购合同给予微型企业，那么微型企业每年就会有 1 300 亿元的收入，这对于处于生存期的微型企业市场开拓而言肯定是十分有利的[①]。此外，也需要政府采取多种措施规范和鼓励中介机构为微型企业提供有实用价值的营销手段，或者借助第三方组织举办展销会、供需会等活动帮助微型企业走向市场。

7.3.3　针对成熟期微型企业的优化措施

处于成熟期的微型企业市场地位牢固，一些特定的品牌产品特色鲜明，销量稳定；但面对激烈的市场竞争，仅靠某个特色产品极有可能让企业的发展处于被动地位。因此，这一阶段对于微型企业的发展非常重要，如果较好地发展，微型企业会变成中小型企业，反之则会走向衰亡。本阶段的社会化服务支持主要体现在创新能力上。成熟期是微型企业进行技术创新的最佳时机，此时内部和外部双方都能够提供足够的力量进行生产技术改革。虽然自身条件有限，在独立研发新技术时存在一定的困难，但此时企业极易获取外界的帮助并使改革效率倍增。在这一阶段，政府部门可以通过促进微型企业与科研机构、高等院校加强合作等措施推动其进行技术创新。首先，各级政府部门可借鉴国外的经验，建立一些技术推广中心，联合大专院校、科研单位等创新机构对技术创新成果进行展示推广，既帮助微型企业了解行业中的先进技术，同时也为产学研合作开展创新创业提供交流渠道。其次，政府部门也可牵头建立信息情报中心，负责收集国内外与微型企业相关的经济、技术和市场信息，为它们提供各类信息情报支持。此外，政府部门和营利性的法律和非营利性公益机构还应建立专利申报分中心，对于微型企业自主研发的科技成果，帮助其申报专利，保护和维护其合法权益。另外，重庆等地区还成立了专项资金鼓励微型企业进行技术创新并取得良好效果，值得借鉴推广。

前面的调查显示，这一阶段的微型企业对市场拓展和人才的需求也比较强烈。为帮助微型企业引进专业化技术人才，相关政府部门可引导并联合高校、职业中介等组织构建信息沟通平台，促进人才供求信息的交流，帮助微型企业招聘合适人才。

7.3.4 针对衰退期微型企业的优化措施

进入这一阶段的微型企业，未来可能会有三种走向：一是经营失败，企业最终不复存在。二是转产，原有企业消亡，新企业诞生，但通常依旧是微型企业，只是进入了其他业务领域。这种现象在微型企业发展过程中很常见。微型企业"船小好掉头"，一旦发现原有业务很难坚持下去很多微型企业主便会立即改行转产。三是微型企业走出衰退、发生蜕变，发展为规模更大的企业，这是一小部分微型企业成功进行创新和变革所致。因此，处于衰退期的微型企业要想避免失败，要么尝试渐变性的改革，创造新产品和技术以适应市场要求，要么重新开发新领域进行二次创业。

对于打算转产进行二次创业的微型企业，政府要利用工商管理等部门掌握的市场信息，积极引导微型企业重点向工业设计、软件开发和文化创意等新兴领域拓展。而这类微型企业对于新领域人才的需求也尤为强烈，政府、高校和中介机构应积极帮助微型企业与相关人才进行供需对接，以增强微型企业的"生命力"，确保微型企业的存活率。此外，政府部分还可通过融资政策、技术支持政策、财政税收优惠政策、信息服务政策等，帮助微型企业进行重新定位，成功实现转产。

对于产品和技术仍然有发展潜力的微型企业，政府部门可通过社会化服务体系加强市场信息的供给，帮助其开辟新的市场；同时促进其进行技术创新或商业模式创新。例如，在政府的引导下，高校和科研机构购买企业现有的生产技术成果并继续研发将其应用到新的领域，实现二次产学研的结合。此外，微型企业孵化器、培育中心等也可以为企业提供创新和变革方面的咨询服务与帮助。

对于创业失败的微型企业，政府需要建立有别于正常破产程序的简易破产程序，简化退出机制，积极联合法律、会计、人力资源服务组织对具有被兼并重组可能的微型企业加强资产评估、职工安置等方面工作，通过促成兼并重组帮助微型企业及其员工实现新生。

参考文献

[1] 边燕杰，丘海雄.企业的社会资本及其功效 [J]. 中国社会科学，2000 (2)：87-99.

[2] 蔡莉，尹苗苗.新创企业学习能力、资源整合方式对企业绩效的影响研究 [J]. 管理世界，2009 (10)：1-16.

[3] 蔡莉，等.创业学习研究回顾与整合框架构建 [J]. 外国经济与管理，2012，34 (5)：1-17.

[4] 蔡阳东.我国微型企业社会化服务体系的现状、问题及发展对策研究 [D]. 重庆：重庆理工大学管理学院，2014.

[5] 曾令果.重庆市微型企业发展的瓶颈分析与建议 [J]. 中国财政，2012 (1)：53-54.

[6] 陈剑林.微型企业理论研究综述 [J]. 井冈山大学学报：社会科学版，2010：82-89.

[7] 陈唯玮.刍议如何做好微型企业人力资源管理工作 [J]. 人力资源管理，2016 (8)：46-48.

[8] 陈扬.经济"新常态"下我国小微型企业的发展困境和对策初探 [J]. 价值工程，2015 (20)：73-77.

[9] 池仁勇，李海华.地区中小企业服务体系比较 [J]. 科技进步与对策，2010 (8).

[10]　单标安.基于中国情境的创业网络对创业学习过程的影响研究［D］.吉林：吉林大学管理学院，2013.

[11]　符惠明，韦雪艳，段锦云.大学生创业警觉性、团队主动性与机会识别关系——两种创业教育模式的比较［J］.现代教育管理，2010（10）：115-118.

[12]　付宏，肖建忠.创业学习与新创企业成长——浦东的案例［J］.管理案例研究与评论，2008，12（6）：48-59.

[13]　高明明.创业警觉性、创造性思维与创业机会识别关系研究——基于吉林省中小企业的实证研究［D］.吉林：吉林大学商学院，2012.

[14]　葛劲松.完善社会化服务体系促进小企业集群发展［J］.盐城工学院学报：社会科学版，2007（3）：32-36.

[15]　胡望斌，张玉利，牛芳.我国新企业创业导向、动态能力与企业成长关系研究［J］.中国软科学，2009（4）：107-118.

[16]　黄洁.基于创业者社会资本的农村微型企业创业研究［D］.武汉：华中农业大学管理学院，2010.

[17]　蒋峦，谢俊，谢卫红.创业导向对组织绩效的影响——以市场导向为中介变量［J］.华东经济管理，2010，24（5）：87-91.

[18]　焦豪，周江华.创业导向与组织绩效间关系的实证研究——基于环境动态性的调节效应［J］.科学学与技术管理，2007（3）：70-78.

[19]　李慧，丁桂凤.大学生前瞻性人格、创业意向与创业学习的关系研究［D］.郑州：河南大学教育科学学院，2010.

[20]　李雪，董玲.小微企业融资服务体系的构建［J］.会计之友，2013（2）：18-20.

[21]　李璟琰，焦豪.创业导向与组织绩效间关系实证研究：基于组织学习的中介效应［J］.科研管理，2008，29（5）：35-41.

[22]　李新春，陈文婷.创业学习、知识获取与创业绩效——基于家族第二代企业家的研究［D］.大连：东北财经大学工商管理学院，2010.

[23]　李雪灵，姚一玮，王利军.新企业创业导向与创新绩效关系研究：积极型市场导向的中介作用［J］.中国工业经济，2010（6）：116-125.

[24]　李永强.创业意愿影响因素研究综述［J］.经济学动态，2008（2）：81-83.

[25]　刘伟，宋鸿.政府支持、集群联盟与微型企业创新模式初探［J］.科技与管理，2012（3）：69-73.

[26]　刘尧飞.江苏省微型企业创业困境分析与对策研究［J］.石家庄铁道大学学报：社会科学版，2015（3）：36-39.

[27] 陆文聪，杜传文.国外创业学习模型研究述评 [J].科技进步与对策，2012（9）：157-160.

[28] 马明英，邓增强.公共政策视角下微型企业技术创新条件研究 [J].产业与科技论坛，2016（17）：89-90.

[29] 苗青.基于规则聚焦的公司创业机会识别与决策机制研究 [D].杭州：浙江大学管理学院，2006.

[30] 莫寰.中国文化背景下的创业意愿路径图——基于"计划行为理论"[J].科研管理，2009（6）：128-135.

[31] 钱龙.政府扶持政策与微型企业生命周期的匹配性分析 [J].重庆三峡学院学报，2013（1）：35-40.

[32] 沈超红，罗亮.创业成功关键因素与创业绩效指标研究 [J].中南大学学报：社会科学版，2006，12（2）：231-236.

[33] 吐尔逊姑丽，王宇婷，钟景峰.股权众筹——中小微型企业融资最有效的新途径 [J].中国商论，2016（11）：12-15.

[34] 土素艳，土瑞永.内蒙古微型企业发展现状、问题与对策 [J].中国管理信息化，2012（22）：28-31.

[35] 王佳宁，罗重谱.中国小型微型企业发展的政策选择与总体趋势 [J].改革，2012（2）：5-17.

[36] 王满四，李楚英.基于6因素模型的大学生创业意愿影响因素分析 [J].广州大学学报，2011，10（1）：90-95.

[37] 王世春.南京市民营企业发展现状及社会化服务需求分析 [D].南京：东南大学工商管理学院，2007.

[38] 王素艳.关于我国微型企业发展问题的探讨 [J].中国物价，2012（10）：72-75.

[39] 王馨.黑龙江省农村微型企业绩效影响因素研究 [D].沈阳：东北农业大学管理学院，2015.

[40] 魏喜武，陈德棉.创业警觉性与创业机会的匹配研究 [J].管理学报，2011，1（8）：133-137.

[41] 吴晓波，张超群.产业集群与创业动态关系研究 [J].科技进步与对策，2012，29（5）：55-58.

[42] 谢洪明，葛志良，王成.社会资本、组织学习与组织创新的关系研究 [J].管理工程学报，2008（1）：5-10.

[43] 谢洪明，等.学习、知识整合与创新的关系研究 [J]，南开管理评论，2007（2）：105-112.

[44] 熊景维.高校学生创业意愿影响因素及学生的创业障碍认知研究——基于

SEM模型和LAC方法的分析［J］. 华中农业大学学报：社会科学版，2013
（1）：129-135.

［45］ 邢璐.我国小微型企业互联网融资的法律风险及其规制［D］. 北京：中央
民族大学法学院，2016.

［46］ 杨晶.关于我国微型企业发展的思考［J］. 中国证券期货，2013（3）：
142-143.

［47］ 杨智、刘新燕、向兵等.市场导向研究综述［J］. 科研管理，2005，26
（3）：135-143.

［48］ 姚先国，温伟祥，任洲麒.创业导向与企业绩效的关系：国外研究进展［J］.
技术经济，2008，27（4）：35-39.

［49］ 张鹏.小微型企业创业者特征与创业绩效的关系研究［D］. 大连：大连工
业大学管理学院，2013.

［50］ 张秀娥，王勃.创业警觉性、创造性思维与创业机会识别关系研究［J］. 社
会科学战线.2013（1）：78-84.

［51］ 朱雯.农村微型企业网络创业问题浅析［J］. 现代农村科技，2016
（19）：4-6.

［52］ 郑九哥.积极的小微企业信贷政策研究［J］. 经济与管理，2012（1）：
80-83.

［53］ 郑立成.我国微型企业的现状、问题及发展对策研究［D］. 重庆：重庆理
工大学工商管理学院，2009.

［54］ 皱萍莉.从国外经验构建我国中小企业社会化服务体系模式［J］. 科技广
场，2005（4）：70-72.

［55］ ADIZES I.Corporate lifecycles：how and why corporations grow and die
and what to do about it［M］. New Jersey：Prentice Hall，1989.

［56］ AJZEN I.From intentions to actions：a theory of planned behavior［M］.
Heidelberg：Springer，1985.

［57］ AJZEN I. Perceived behavioral control， self-efficacy， locus of con-
trol， and the theory of planned behavior［J］. Journal of Applied Social
Psychology，2002，32（4）：665-683.

［58］ AJZEN I. The theory of planned behavior［J］. Organizational Behavior
and Human Decision Processes，1991，50（2）：179-211.

［59］ ARDICHVILIA，CARDOZOR，RAYS.A theory of entrepreneurial opportu-
nity identification and development［J］. Journal of Business Ventur-
ing，2003，18（1）：105-123.

［60］ BAKERWE，SINKULAJM. The complementary effects of market orientation and entrepreneurial orientation on profitability in small businesses [J]. Journal of Small Business Management, 2009, 47: 443-464.

[61] BARNIR A, SMITH K A. Inter firm alliances in the small business: the role of social networks [J]. Journal of Small Business Management, 2002, 40 (3): 219-232.

[62] BARRETT H, WEINSTEIN A. The effect of market orientation and organizational flexibility on corporate entrepreneurship [J]. Entrepreneurship Theory and Practice, 1998 (23): 57-58.

[63] BENSON HONG.What determines success? Examing the human, financial and social capital of jamaican micro entrepreneurs [J]. Journal of Business Venturing, 1998 (13): 371-394.

[64] BIRD B. Implementing entrepreneurial ideas: the case for intentions [J]. Academy of Management Review, 1998, 13 (3): 442-453.

[65] BLESA A, RIPOLLES M.The role of market orientation in the relationship between entrepreneurial proactiveness and performance [J]. Journal of Entrepreneurship, 2003 (12): 1-19.

[66] BRUYAT C, JULIEN P A. Defining the field of research in entrepreneurship [J]. Journal of Business Venturing, 2001, 16 (2): 165-180.

[67] BYGRAVEWD, ZACHARAKISA. The portable MBA in entrepreneurship [M]. New York: John Wiley & Sons, 2009.

[68] CALANTONER J, CAVUSGIL S T, ZHAO Y. Learning orientation, firm innovation capability, and firm performance [J]. Industrial Marketing Management, 2002 (31): 515-524.

[69] CARLAND J W, HOYF, BOULTONWR. Differentiating entrepreneurs from small business owners: a conceptualization [J]. Academy of Management Review, 1984, 9 (2): 354-359.

[70] CHOW I H.The relationship between entrepreneurial orientation and firm performance in China [J]. Academy of Management Journal, 2006 (3): 11-21.

[71] CHRISMANJ J, BAUERSCHMIDT A, HOFERC W. The determination of new venture performance: An extended model [J]. Entrepreneurship: Theory and Practice, 1998, 23 (1): 5-29.

[72] CHRISTENSENPS, PETERSONR. Opportunity identification: mapping the sources of new venture ideas [M]. Aarhus: University of Aarhus Press, 1990.

［73］ CHRISTIAN HOMBURG, CHRISTIAN PFLESSER.A multi-layer model of market-oriented organizational culture: measurement issues and performance outcomes ［J］. Journal of Marketing Research, 2000, 37 (4): 449-462.

［74］ CHRISTIA N L, NIKOLAU S F. The making of an entrepreneur: testing a model of entrepreneurial intent among engineering students at MIT ［J］. R&D Management, 2003, 22 (3): 135-147.

［75］ COLEMAN JS.Foundations of social theory ［M］. Boston: Harvard University Press, 1994.

［76］ COPEJ. Toward a dynamic learning perspective of entrepreneurship ［J］. Entrepreneurship Theory and Practice, 2005, 29 (4): 373-397.

［77］ CORBETTAC. Experiential learning within the process of opportunity identification and exploitation ［J］. Entrepreneurship Theory and Practice, 2005, 29 (4): 473-491.

［78］ COVIN JG, SLEVIN DP. Strategic management of small firms in hostile and benign environments ［J］. Strategic management journal, 1989 (10): 75-87.

［79］ DAVIDSSON P.Nascent entrepreneurship: empirical studies and developments ［J］. Foundations & Trends in Entrepreneurship, 2005, 2 (1): 1-76.

［80］ DENG S, DART J. Measuring market orientation: a multi-factor, multi-item approach ［J］. Journal of Marketing Management, 1994 (10): 725-742.

［81］ DESSG G, LUMPKIN G T.The role of entrepreneurial orientation in stimulating effective corporate entrepreneurship ［J］. Academy of Management Executive, 2005 (1): 147-156.

［82］ ERIKSON T. Towards taxonomy of entrepreneurial learning experiences among potential entrepreneurs ［J］. Journal of Small Business and Enterprise Development, 2003, 41 (2): 106-112.

［83］ FAYOLLE A, GAILLY B, LASSAS-CLERC N. Assessing the impact of entrepreneurship education programs: a new methodology ［J］. Journal of European Industrial Training, 2006, 30 (9): 701-720.

［84］ GAGLIOCM, KATZJA. The psychological basis of opportunity identification entrepreneurial alertness ［J］. Small Business Economics, 2001, 16 (2): 95-111.

[85] GJASON J, FRIEDMAN. The role of microenterprise development in stimulating social capital and rebuilding inner city economics: a practitioner perspective [J]. The Journal of Socio - Economics, 2001, 30 (2): 139-143.

[86] GRANOVETTERMS. The strength of weak ties [J]. American Journal of Sociology, 1973, 78 (6): 1360-1380.

[87] GRAY BS, MATEAR C, BOSHOFF, et al. Developing a better measure of market orientation [J]. European Journal of Marketing, 1998 (1): 51-66.

[88] GUERREROM, RIALPJ, URBANOD. The impact of desirability and feasibility on entrepreneurial intentions: a structural equation model [J]. International Entrepreneurship and Management Journal, 2008, 4 (1): 35-50.

[89] HAMILTONE. Entrepreneurial learning in family business [J]. Journal of Small Business and Enterprise Development, 2011, 18 (1): 8-26.

[90] HARRISONRT, LEITCHCM. Entrepreneurial learning: researching the interface between learning and the entrepreneurial context [J]. Entrepreneurship Theory and Practice, 2005, 29 (4): 351-371.

[91] HOLCOMB T R. Architecture of entrepreneurial learning: exploring the link among heuristics, knowledge, and action [J]. Entrepreneurship Theory and Practice, 2009, 33 (1): 167-192.

[92] JAWORSKIBJ, KOHLIAK. Market orientation: antecedents and consequences [J]. Journal of Marketing, 1993 (7): 53-70.

[93] JEFFREY G, COVIN, DENNIS P, et al. Strategic management of small firms in hostile and benign environments [J]. Strategic Management Journal, 1989 (10): 75-87.

[94] JOHNC, NARVER, STANLEY, et al. Additional thoughts on measurement of market orientation: a comment on deshpande and farley [J]. Journal of Market Focused Management, 1998 (2): 233-236.

[95] KAISHS, GILADB. Characteristics of opportunities search of entrepreneurs versus executives resources interest and general alertness [J]. Journal of Business Venturing, 1991, 6 (1): 45-61.

[96] KIRZNERIM. Entrepreneurial discovery and the competitive market process: an austrian approach [J]. Journal of Economic Literature,

1997, 35 (1): 60-85.

[97] KOHLI A K, JAWORSKIBJ. Market orientation: the construct, research propositions, and managerial implications [J]. Journal of Marketing, 1990 (4): 1-18.

[98] KREISERPM, MARINO L D, WEAVER K M. Assessing the psychometric properties of the entrepreneurial orientation scale: a multi-country analysis [J]. Entrepreneurship Theory and Practice, 2002 (4): 71-93.

[99] KRUEGER J R, REILLYMD, CARSRUDA L. Competing models of entrepreneurial intentions [J]. Journal of Business Venturing, 2000, 15 (5): 411-432.

[100] KRUEGERNF, CARSRUDAL. Entrepreneurial intentions: applying the theory of planned behavior [J]. Entrepreneurship & Regional Development, 1993, 5 (4): 315-330.

[101] LEE C, LEE K, Pennings J M. Internal capabilities, external networks, and performance: a study on technology -based ventures [J]. Strategic Management Journal, 2001, 22 (6): 615-640.

[102] LINÁNF. Does social capital affect entrepreneurial intentions [J]. International Advances in Economic Research, 2007, 13 (4): 443-453.

[103] LUMPKIN G T, LICHTENSTEINBB. The role of organizational learning in the opportunity-recognition process [J]. Entrepreneurship Theory and Practice, 2005, 29 (4): 451-472.

[104] LUMPKIN G T, DESS G G. Clarifying the entrepreneurial orientation construct and linking it to performance [J]. Academy of Management Review, 1996 (21): 135-172.

[105] LUMPKIN G T, DESS G G. Linking two dimensions of entrepreneurial orientation to firm performance: the moderating role of environment and industry life cycle [J]. Journal of Business Venturing, 2001 (16): 429-451.

[106] LUMPKIN G T, DESS G G. Clarifying the entrepreneurial orientation construct and linking it to performance [J]. Academy of Management Review, 1996 (21): 135-172.

[107] MILLER D, FRIESEN P H. Strategy-making and environment: the third link [J]. Strategic Management Journal, 1983 (4): 221-235.

[108] MUNOZJM. Contemporary microentreprise concepts and cases [M]. Massachusetts: Edward Elgar Publishing Limited, 2010.

[109] NAHAPIETJ, GHOSHALS. Social capital, intellectual capital, and the organizational advantage [J]. Academy of Management Review, 1998, 23 (2): 242-26.

[110] NARVER, SLATER.The effect of a market orientation on business profitability [J]. Journal of Marketing, 1990, 10: 20-35.

[111] OZGEN E. The collaborative frontiers of social networks and opportunity recognition in convergent technologies [J]. Academy of Entrepreneurship Journal, 2009, 15 (2): 111-119.

[112] PELHAMAM, WILSONDT. A longitudinal study of the impact of market structure, strategy, and market orientation on small-firm performance [J]. Journal of the Academy of Marketing Science, 1996 (1): 27-44.

[113] PHANPH, WONG P K, WANG C. Antecedents to entrepreneurship among university students in singapore: beliefs, attitudes and background [J]. Journal of Enterprising Culture, 2002, 10 (2): 151-174.

[114] RAUCHA, WIKLUNDJ, LUMPKINGT, etal. Entrepreneurial orientation and business performance: an assessment of past research and suggestions for the future [J]. Entrepreneurship Theory and Practice, 2009, 33 (2): 761-787.

[115] SCHERER R, ADAMS J, CARLEY S, et al.Role model performance effects on development of entrepreneurial career preference [J]. Entrepreneurship Theory and Practice, 1989, 13 (3): 53-71.

[116] SINLYM, TSE ACB, YAUOHM. Market orientation, relationship marketing orientation, and business performance: the moderating effects of economic ideology and industry type [J]. Journal of International Marketing, 2005, 1: 36-57.

[117] SINGHRP, LUMPKINGT. The entrepreneurial opportunity recognition process: examining the role of self-perceived alertness and social networks [J]. Academy of Management, 1999 (1): 1-6.

[118] SLATERSF, NAVERJC. Market orientation and the learning organization [J]. Journal of Marketing, 1995 (59): 63-75.

[119] SLATERSF, NARVER C. Does competitive environment moderate the market orientation performance relationship? [J]. Journal of Marketing, 1994, 58 (1): 46-55.

[120] TANGJ, KACMARKM, BUSENITZL. Entrepreneurial alertness in the pur-

suit of new opportunities [J]. Journal of Business Venturing, 2012, 27 (1): 77-94.

[121] TSE ACB. Market orientation and business performance in a Chinese environment [J]. Journal of Business Research, 2003 (56): 227-239.

[122] UZZIB. Social structure and competition in interfirm networks: the paradox of embeddedness [J]. Administrative Science Quarterly, 1997, 42 (1): 35-67.

[123] WIKLUND J, SHEPHERD D. Entrepreneurial orientation and small business performance: a configurationally approach [J]. Journal of Business Venturing, 2005 (20): 71-91.

[124] WUS, WUL. The impact of higher education on entrepreneurial intentions of university students in China [J]. Journal of Small Business and Enterprise Development, 2008, 15 (4): 752-774.

[125] ZAHRA, COVIN. Contextual influence on the corporate entrepreneurship performance relationship: a longitudinal analysis [J]. Journal of Business Venturing, 1995 (10): 43-55.

[126] ZHANGY, DUYSTERSG, CLOODTM. The role of entrepreneurship education as a predictor of university students' entrepreneurial intention [J]. International Entrepreneurship and Management Journal, 2014, 10 (3): 1-19.

索引

微型企业—1-19, 25-30, 37-42, 44, 49-51, 53-61, 64, 67, 70-75, 78, 82, 90, 102-109, 112, 119, 123-129, 137-167

企业成长—3, 4, 37, 38, 64, 71, 72, 107, 111, 153, 158, 165, 174

企业生命周期—3, 4, 22, 113, 149, 150, 161, 166, 174

微型企业创业者—3, 5, 6, 18, 26-29, 31, 33, 35, 37-43, 45, 47, 49-51, 53-59, 68, 73, 104, 105, 107, 144, 150-152, 154, 160, 167, 174

创业意愿—3-6, 26-39, 165, 166, 174

社会网络—6, 30, 43, 45-51, 53-58, 68, 121, 151, 174

创业机会—3-6, 19-23, 30, 41-51, 53-59, 62, 75, 106, 151, 165-167, 174

创业学习—6, 60-65,67, 69-75, 77-79, 81-83, 85-87, 90-96, 98-106, 164-166, 174

创业绩效—4, 6, 60-79, 81, 83, 84, 88-94, 96-107, 124, 165-167, 174

微型企业创业导向—6, 108, 109, 111, 113, 115, 117, 119, 121-125, 127, 129, 131, 133, 135-147, 174